여성학 이야기

인어공주는 왜 왕자를 죽였을까

여성학 이야기

인어공주는 왜 왕자를 죽였을까

지은이 · 민가영 | 일러스트 · 신동민 | 펴낸이 · 김현태 | 펴낸곳 · 책세상 | 초판 1쇄 펴낸날 2007년 2월 15일 | 초판 8쇄 펴낸날 2018년 1월 15일 | 주소 · 서울시 마포구 잔다리로 62-1, 3층(04031) | 전화 · 02-3273-1334(편집부) 02-704-1251 (영업부) | 팩스 · 02-719-1258 | 이메일 · bkworld11@gmail.com | 홈페이지 · chaeksesang.com | 등록 1975. 5. 21 제 1-517호 |

ISBN 978-89-7013-618-9 03000

* 이 도서의 국립중앙도서관 출판시도서목록(CIP)은 서지정보유통지원시스템 홈페이지 (http://seoji.nl.go.kr)와 국가자료공동목록시스템(http://www.nl.go.kr/kolisnet)에서 이용하실 수 있습니다. (CIP제어번호: CIP2015025949)

여성학
이야기

인어공주는 왜 왕자를 죽였을까

민가영 지음 | 신동민 그림

책세상

차례

여성학 이야기

인어공주는 왜 왕자를 죽였을까

편모상

세상 읽기, 고정된 틀을 벗어나다

〈선녀와 나무꾼〉이라는 동화는 모두 알고 있을 것이다. 여러분은 이 동화를 읽으며 어떤 생각을 했는지? 아마 나무꾼에게는 안타까운 마음을, 하늘로 돌아가버린 선녀에게는 야속한 마음을 품었을 것이다. 그런데 이 안타까운 마음과 야속한 마음의 정체는 무엇일까? 왜 동화를 읽으며 나무꾼을 불쌍하게 여기고 선녀를 원망할까? 혹시 우리는 이야기 속의 나무꾼과 자신을 동일시하는 것은 아닐까. 자신이 선녀라 생각하고 동화를 다시 읽어보면 이 감정이 누구의 것인지 명백해진다. 그러면 선녀가 되어 동화를 다시 한번 읽어보자.

나는 선녀. 우리 집은 하늘나라야. 그곳에는 내 가족, 친구, 친척들이 있고 내가 해야 하는 일도 있어. 나에게 지상은 잠시 들러 몸을 씻는 목욕탕일 뿐. 어느 날 목욕탕에 들러 목욕을 하고 나왔는데 옷이 없어진 거야. 집으로 돌아갈 수 없어 울고 있는데 웬 나무꾼이 오더니 기왕 이렇게 된 거 목욕탕에서 자기랑 같이 살재. 그때부터 나는 집에 돌아가지 못하고 목욕탕에서 살게 되었어. 하지만 항상 하늘나라 우리 집이 그리웠지. 그러던 어느 날 선녀 옷을 찾게 되었어. 나는 그 옷을 입고 내 아이들과 함께 가족이 있는 나의 집, 하늘나라로 돌아갔어.

이처럼 선녀의 시각으로 봤을 때 나무꾼의 행위는 명백한 '절도' 아닐까. 선녀로서는 난데없이 옷을 도둑맞은 셈이니 말이다. 옷을 도둑맞은 뒤 집에 돌아가지 못하고 원치 않는 곳에서 몇 년을 살아야 했던 선녀에게 지상에서의 삶은 자신의 의지와는 전혀

상관없는 시간이었다. 이에 비해 나무꾼은 선녀의 옷을 훔침으로써 자신의 꿈, 즉 선녀와의 결혼을 이루었다. 그러나 상대방의 의지를 무시하고 이룬 꿈은 어떤 경우에도 정당화될 수 없다. 따라서 선녀가 옷을 찾아 하늘나라로 돌아간 것은 일방적으로 빼앗긴 자신의 권리를 되찾은 것이다. 선녀의 입장에서 보면 동화 〈선녀와 나무꾼〉은 절도를 미화한 이상한 이야기일 뿐이다. 그렇다면 서양의 동화 〈잠자는 숲속의 미녀〉는 어떨까?

우여곡절 끝에 잠만 자게 된 숲속의 미녀. 어느 날 그녀에게 왕자라는 사람이 찾아온다. 미녀를 잠에서 깨우겠다는 일념에 불탄 왕자는 미녀에게 키스를 해버린다.

동화 속에서 미녀가 이렇게 말한 적 있던가? "이상한 마법에 걸려 잠만 자게 되거든 왕자의 키스로 나를 깨워줘." 동화 속 어디에도 이런 구절은 없다. 상대방이 원하지 않는데 일방적으로 저지른 스킨십은 성희롱이다. 그렇다면 왕자의 키스도 일종의 성희롱 아닐까? 하지만 동화 속에서 왕자의 일방적 키스를 받고 깨어난 공주는 왕자에게 감사해하며 동화는 이 둘의 결혼으로 끝이 난다. 이처럼 많은 동화는 여자들의 의지와 상관없이 벌어지는 남성들의 일방적 행위를 사랑이라는 이름으로 미화한다. 선녀 옷을 훔친 나무꾼도 미녀에게 키스한 왕자도 모두 사랑의 이름으로 용서되는 것이다.

이처럼 조금 다른 관점으로 바라보면 우리에게 익숙한 사건이나 이야기 들은 다른 내용으로 재구성된다. 그리고 이 과정에서 그동안 보편적이고 객관적인 진리라 생각해왔던 것이 '전체'가 아닌 '부분'이었음이, 전체의 이름으로 가려져 있던 세상의 다른 면들이 드러난다. 여성학은 이처럼 '숨겨져 있던 다른 시선'으로 세상을 새롭게 보고 해석하는 학문이다. 여성학은 남성의 시선을 기준이자 정상, 보편으로 받아들여온 그동안의 지식과 상식을 상대적인 것으로 만들고 한층 폭넓은 각도로 세상을 이해할 수 있게 해준다. 즉 여성학은 참과 거짓을 구분하는 것이 아니라 참과 거

여성학	남성학
장애학	비장애학
흑인학	백인학

짓을 논의할 수 있는 더 넓은 맥락을 제공한다.

앞의 표를 보자. 표의 왼쪽에 있는 과목들은 현재 대학에서 주류 학문으로 다루어진다. 하지만 오른쪽은 주류 학문이 아니다. 여성학은 학부에서뿐만 아니라 대학원에서 석사와 박사 과정으로 개설되어 있지만 남성학은 여성학만큼의 위상을 가지고 있지 않다. 마찬가지로 장애인을 다루는 특수교육학과나 장애학과(미국의 경우)는 있지만 비장애학과는 없다. 또한 미국의 경우 흑인들의 정치·경제·사회·문화적 배경을 연구하는 흑인학black studies은 있지만 백인들을 연구하는 백인학white studies은 없다. 그렇다면 이는 오른쪽 범주에 속하는 사람들에 대한 차별일까?

한 가지 더 생각해보자. 어린 시절 읽은 위인전에 등장한 위인들 가운데 여성, 장애인, 흑인은 몇 명이나 될까? 신사임당, 퀴리Marie Curie 부인, 유관순, 나이팅게일Florence Nightingale, 헬렌 켈러Helen Adams Keller, 맬컴 엑스Malcolm X 정도를 꼽을 수 있겠다. 보통 50~100권 정도인 위인전기 전집에서 여성, 장애인, 흑인은 손에 꼽을 정도다. 그들 가운데 위인 또는 위인이라고 평가할 만한 사람이 많지 않기 때문일까?

이에 답하기 위한 실마리는 몇 년 전 엄청난 시청률을 기록하며 막을 내린 드라마 〈대장금〉에서 찾을 수 있다. 〈대장금〉의 주인공 장금은 드라마로 알려지기 전에는 묻혀 있던 '위인'이다. 역사는 허준은 기억하고 기록하지만 장금을 공식적인 역사에 남기지는 않았다. 이는 하나의 예일 뿐으로, 수없이 많은 여성이 위인으로 기록되지도 기억되지도 못했다. 흑인이나 장애인도 마찬가지다.

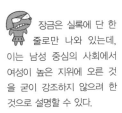
장금은 실록에 단 한 줄로만 나와 있는데, 이는 남성 중심의 사회에서 여성이 높은 지위에 오른 것을 굳이 강조하지 않으려 한 것으로 설명할 수 있다.

　현재의 시점에서 과거를 기억한다는 점에서 역사는 현재의 문제다. 즉 누구의 관점에서 어떻게 기억하느냐에 따라 동일한 사건에 대한 평가와 기억이 달라진다. 수많은 과거의 사건과 인물 가운데 일부만이 역사적 사실이자 위인으로 기록되며, 여기에는 무엇을 기억할 것인가에 관한 현재의 합의와 가치 기준이 개입되어 있다. 위인전은 이제까지 역사가 남성, 비장애인, 백인의 기준에서 기록되고 해석되었음을 보여준다. 따라서 다른 기준으로 과거를 돌아본다면 위인전은 지금까지와는 다른 인물들로 채워질 수도 있다. 달력을 채우는 기념일, 동상이나 비석 또한 마찬가지다.

이처럼 과거의 사건이나 인물을 기리거나 추모하는 행위는 모두 현재의 특정한 이념과 입장을 대변하고 주장한다.

다시 앞의 표로 돌아가보자. 오른쪽의 과목들은 현재 존재하지 않거나 아직 본격적으로 연구되지 않지만 왼쪽에 있는 과목들은 학문으로 존재한다. 이는 역으로 이제까지 학문이 남성, 비장애인, 서구인의 기준으로 수행되어왔음을 뜻한다. 남성, 비장애인, 서구인에 대한 학문은 굳이 따로 있을 필요가 없었다. 학문을 비롯해 정치, 경제, 문화 등 모든 영역이 이들의 위치와 입장을 대변하고 있었기 때문이다. 즉 지금까지 남성, 비장애인, 서구인이라는 이름은 인간 전체를 대변하는 '보편성'의 위치를 차지해왔다. 왼쪽에 있는 과목들은 이제까지 보편에서 배제되어온 사람들, 즉 여성, 장애인, 비서구인, 비이성애자 등의 시선으로 새롭게 세상을 이해하려는 노력이다. 이는 세상에 대한 좀 더 포괄적이고 덜 왜곡된 이해를 가능하게 해준다.

여성학은 이제까지 세상을 바라보는 시선에서 제외되어온 여성주의적 가치를 학문 속에 끌어들임으로써 남성의 경험과 이해관계가 기준이던 관점을 상대화한다. 남성학이 주류가 아닌 상황에서 여성학이 연구되어야 하는 이유, 남성부는 없지만 여성부는 있어야 하는 이유는 지금까지 학문을 비롯한 세상의 모든 관점이 남성 중심적이었기 때문이다.

남성의 시각과 경험을 기반으로 세상의 관점이 만들어져왔다는 것은 열 가지 서로 다른 인식의 위치들 가운데 하나의 위치에서 본 현실만이 유일한 의미가 되면서 나머지 아홉 가지 위치에서 바

여성주의적 가치는 근대의 평등, 자유, 권리의 개념을 기반으로 한다. 모든 사람은 자유롭고 평등할 인간으로서의 권리를 가지며 타인이 자유롭고 평등할 권리를 침해하지 않을 의무가 있다. 따라서 성별이라는 요소는 어떤 개인이 개인적·사회적 자유와 평등 그리고 권리에 대해 차별받는 것을 정당화하는 원인이 될 수 없다.

라본 세상이 묻혀버렸음을 의미한다. 이는 특정한 위치에 있는 사람들의 경험과 이해관계만이 모든 인간의 경험을 대표한다는 주장과 다름없다. 결국 이러한 시각에 물든 사람들은 특정한 인간의 이해관계를 정당화하는 데 일조하게 되는데, 그 '보편'의 신화는 사회의 주류, 즉 지배집단의 입장을 대변하고 정당화해왔다.

이를 바로잡기 위해서는 지배집단의 이해관계와 논리를 비판적으로 바라볼 수 있는 가치와 관점을 가져야 한다. 이러한 가치와 관점을 가진다는 것은 객관성의 확보를 뜻하는 것으로, 가치의 분리가 아니라 주류와는 다른 가치에 적극적으로 개입하는 것을 말한다. 객관성과 가치 개입(주관성)은 대립되는 것이 아니라 상호 보완적인 관계인 것이다. 자유, 평등, 정의라는 가치에 기반을 둔 관점을 개입시키는 것은 기존의 편파성을 덜 편파적으로 만드는 하나의 방법이다. 즉 특정 범주 사람들의 경험과 이해관계를 인간 전체의 경험으로 왜곡시켜온 보편의 신화에 대한 대안은 그동안 배제되어온 인간들의 가치를 적극 개입시켜 현실을 새롭게 바라보는 것이다. 그럼으로써 기존 지식의 부분성을 드러내고 좀 덜 왜곡된 현실을 바라보는 것이 가능해진다.

이 책은 여성에 '대한' 문제를 다루는 것이 아니라 여성의 '시각'으로 세상을 다르게 볼 수 있는 기회를 제공한다. 여성학에 대한 오해 중 하나는 여성학이 세상의 중심을 남성에서 여성으로 이동시키는 학문이라는 것이다. 그러나 여성학은 그동안 특수한 지배집단의 이해관계 때문에 지워져 있던 다양한 사유를 되살리는 것에서 시작한다. 다양한 인식은 그동안 보편적 · 중립적으로 생각되어온 지식, 윤리, 법, 상식 등이 누구의 어떤 관점에서 형성된 '부분적' 인식인지를 보여준다. 나아가 여성학은 그렇게 되살려진 다른 시각들을 통해 모든 인간의 권리, 자유, 의무, 복지, 윤리, 정의를 위한 더 큰 그림을 그릴 수 있게 해준다.

이 책에서 역사적으로 배제되어온 여성의 시각으로 세상을 바라보면 그동안 당연시되어온 세계, 즉 가족, 직업, 성별의 차이, 성에 관한 통념들이 지금까지와는 다르게 다가올 것이다. 그러다 보면 기존에 여러분이 보편적이라고 믿고 있던 지식 체계, 상식 체계, 의미 체계 등은 '다른 시각' 아래 재탄생할 것이며, 그것은 그동안 가려져 있던 많은 타자들, 다양한 경험, 새로운 세상과의 더 넓은 소통의 장을 열어줄 것이다. 그것을 통해 끊임없이 자신 내부의 부정의와 권력, 폭력성 등을 성찰하는 것은 인간다운 삶에 좀 더 다가가는 하나의 방식이 될 것이다. 물론 자신이 믿고 있던 중심이 무너지고 흔들리는 것은 고통스러운 일이다. 하지만 그동안 흔들리지 않는 기준이 지지해온 크고 작은 차별과 폭력을 떠올려본다면 그것은 분명 '반가운 고통'이 될 것이다.

여성의 시각으로 세상을 바라보기!

상대주의적 시각으로 세상 보기

1. 흰색은 색이 아닌가

지금 교실에 있다고 상상해보자. 내가 교실을 빠져나가자 어떤 사람이 나의 행동을 '교실 밖으로 나갔다'라고 설명한다면 맞는 것일까? 맞기도 하고 틀리기도 하다. 나를 보는 사람이 교실 '안'에 있다면 이는 맞는 표현이다. 그러나 그 사람이 복도에 있다면 틀린 표현이 된다. 복도에 있는 사람에게 나의 '이동'은 '복도로 들어온 것', 즉 '밖'으로 나간 것이 아니라 '안'으로 들어온 것이기 때문이다. 이처럼 보는 위치에 따라 같은 사건도 다르게 보인다.

그렇다면 지도상의 지역은 어떨까? 보통 대한민국은 극동아시아로 분류된다. 이는 참일까?

다음 그림에서 '나'는 네 가지 위치를 가진다. B가 기준일 때는 동쪽에 있지만 C가 기준일 때는 서쪽에 있으며 A가 기준이면 남

쪽, D가 기준이면 북쪽에 있게 된다. 이렇게 보면 절대적으로 고
정된 위치는 없다. 어디가 기준이냐에 따라 달라지는 것이다. 대
한민국이 극동아시아로 분류된 것은 지리학적으로 대한민국이 극
동에 있다고 분류할 수 있는 지점이 '기준'이기 때문이다. 마찬가
지로 제주도가 남해에 있다고 표기되는 것은 제주도가 근본적으
로 남쪽에 있기 때문이 아니라 '육지'가 기준일 때 남쪽에 있기
때문이다. 이 기준이 달라지면 제주도는 서해에 있을 수도, 동해
나 북해에 있을 수도 있다. 이처럼 어떤 의미는 그것을 바라보는

인식 주체의 위치에 따라 달라진다. 즉 절대적인 의미가 존재하는 것이 아니라 무엇이 기준인가에 따라 의미는 상대적이 된다. 마찬가지로 절대적인 참과 거짓이 있는 것이 아니라 특정한 위치에서 구성된 참과 거짓이 있을 뿐이다.

이런 점을 염두에 두고 아래의 이야기들을 살펴보자.

우리는 '유색인종'으로 분류된다. 그러나 이 유색인종이라는 말에는 흰색은 색이 아니라는 전제가 깔려 있다. 엄밀하게 따져보았을 때 세상에 존재하는 모든 색은 '유색'이므로 백인도 유색인종이다. 그러나 상식적으로 우리는 백인을 유색인종이라고 여기지 않으며 백인보다 피부색이 짙은 사람들을 유색인종이라 부른다. 즉 유색인종이라는 범주는 백인의 피부색을 기준으로 한 인종 분

류법이다.

　1920년대 뉴욕에 고가차도가 건설되었다. 이 고가차도는 천장의 높이가 보통 뉴욕 시내를 다니는 버스 높이보다 낮게 설계되었다. 그 차도는 자연스럽게 승용차 전용이 되고 말았고, 주로 버스를 이용하는 히스패닉과 흑인들은 고가차도 사용권에서 배제되었다. 아무도 '흑인과 히스패닉 혹은 뉴욕의 하층 계급은 이용하지 마시오'라는 팻말을 붙이지 않았지만 '어떤 차'를 기준으로 설계했기 때문에 그 고가차도는 특정인(자가용을 가진)들의 전유물이 되었다. 이처럼 무엇이 기준인가에 따라 어떤 사람들은 자연스럽게 혜택을 받고 어떤 사람들은 자연스럽게 배제된다.

　프랑스 조각가 로댕François Auguste René Rodin의 〈생각하는 사람Le Penseur〉은 많은 사람들이 알고 있듯이 고뇌하는 표정으

히스패닉Hispanic은 중남미계 미국 이주민을 뜻하는 말로 라틴아메리카에서 왔다고 해서 라티노Latino라고 부르기도 한다. 현재 미국 소수 인종 가운데 가장 큰 집단이다.

가파른 층계는 보행자를 기준으로 설계되었기에 휠체어를 탄 사람을 자연스럽게 배제한다.

〈욕탕의 여인들〉
(1862, 루브르 박물관)

일상적인 것을 예로 들어보자. 남학생들이 다니는 학교는 그냥 '~중/고등학교'라고 하지만 여학생들이 다니는 학교는 '~여자 중/고등학교'라고 하는데, 이 역시 여성의 성별만 강조하는 전통적 인식의 폐해라 할 수 있다. 그 외에도 '여류 작가/화가' 등 여성을 예외적인 경우로 강조하는 표현들이나 '하느님 아버지'처럼 신을 남성이라고 전제하는 것 등 우리 주변의 용어 속에서 남녀를 불평등하게 구분하는 예는 얼마든지 찾을 수 있다.

로 턱을 괴고 앉아 있는 남성을 조각한 작품이다. 한편 프랑스 고전주의 화가 앵그르Jean Auguste Domi-nique Ingres의 〈터키 욕탕Le Bain Turc〉은 목욕하는 여성들을 그린 작품이다. 그런데 이 작품의 제목은 우리나라에서 원제 '터키 욕탕'보다는 '욕탕의 여인들'로 더 잘 알려져 있다. 왜 로댕의 작품은 '생각하는 남자'로 옮기지 않으면서 앵그르의 작품은 굳이 '욕탕의 여인들'이라는 다소 원색적인 제목을 붙였을까? 남성은 '사람'을 대표하는 상징적 존재로, 여성은 남성과 대비되는 다른 성의 존재로 인식되기 때문 아닐까. 가부장적 전통이 강한 우리나라에서는 이런 식의 용어 사용이 잦다.

흔히 우리보다 경제적으로 뒤처진 나라를 설명할 때 '한국의 20년 전', '한국의 30년 전' 등의 표현을 사용하곤 한다. 그런데 과거에는 한국도 이런 표현의 대상이었다. 한국은 30년 전의 미국이기도 했고 20년 전의 일본이기도 했다. 이 말에는 한국이 미국보다 30년 뒤처져 있으니 그만큼 발전에 박차를 가해야 한다는 경제주의 논리가 깔려 있다. 즉 발전과 성장에 대한 특정한 기준이 전제되어 있는 것이다. 시장경제가 전제되고 일인당 국민소득이 발전과 성장의 기준으로 정해지면 각 국가의 시간은 이 기준에 따라 일렬로 줄을 선다. 이때 동시간대를 살아가는 사람들의 시간은 동시간대가 아닌 서열 지어진 시간이 된다. 즉 한국의 2006년과 미국의 2006년, 베트남의 2006년과 일본의 2006년은 동일한 의미를 가지지 못한다.

발전에 대한 특정한 개념이 기준인 시간의 서열은 우리가 이미 알고 있는 문명과 야만, 발전과 미개의 이분법을 지지한다. 그리고 이러한 이분법은 제국주의의 침략을 받은 나라와 민족을 야만으로 분류함으로써 제국주의 식민 지배에 '문명화'라는 명분을 부여했다. 일렬로 세워진 시간의 기준 아래 피식민지들은 지배와 착취를 경험해야 했고 이러한 기준은 지금까지 '기준'으로 공고히 자리 잡고 있다.

역사상 아테네는 시민의 정치 참여와 다수결의 원칙에 입각한 민주주의가 꽃핀 시기로 기억된다. 그러나 민주주의의 특징이라는 '참여'의 권리는 성인 남성에게만 제한적으로 주어졌다. 여전히 여성과 노예 들은 정치·사회적 행동을 할 수 없었으며 남성들의 소유물이나 재산으로 인식되었다. 그렇다면 아테네는 '누구를 위한' 민주주의였을까? 아테네가 민주주의 사회가 아니었다고 이야기하는 것은 아니다. 여기서 던져보아야 할 질문은 '아테네의 민주주의는 누구를 위한, 누구의 시각에서의 민주주의였으며, 그것은 어디까지 인간의 범주에 포함시켰는가'와 같은 것이다.

사람들은 간디를 영국의 인도 식민 지배에 저항한 비폭력 평화주의자로 기억한다. 간디의 비폭력 저항은 전 세계에 알려져, 그와 동시대에 같은 공간에 살지 않은 수많은 사람들도 간디를 비폭력 평화주의자로 기억하고 존경한다. 그러나 널리 알려지지는 않았지만 간디와 함께 인도의 해방을 위해 싸운 암베드카르Bhimrao Ramji Ambedkar라는 인물이 있었다. 간디와 암베드카르는 인도가 독립헌법을 만들려 시도한 시점에 정면으로 맞섰는데, 독립헌

암베드카르(왼쪽)와 간디(오른쪽)

인도의 계급 제도인 카스트caste는 브라만(사제), 크샤트리아(왕족, 무사), 바이샤(농민, 상인 등의 서민), 피정복민으로 이루어진 수드라(노예)의 네 계급으로 나뉘는데 이것이 다시 3,000여 개의 카스트와 2,500여 개의 하부 카스트로 나뉜다. '하리잔', 즉 불가촉천민은 네 계급의 사람들이 인간으로 치지도 않는 계층으로, 수드라까지도 하리잔을 인간으로 보지 않는다.

법에서 권리를 가지는 정치·사회적 주체로 불가촉천민도 포함시킬 것인가라는 문제 때문이었다. 인도의 독립과 더불어 불가촉천민을 카스트 제도에서 해방하자는 운동을 벌여온 암베드카르와 달리 간디는 헌법에서 불가촉천민을 권리를 가진 주체로 명시하는 데 반대했다. 결국 영국의 중재로 간디가 손을 들었지만 이 사건은 이런 질문을 떠올리게 한다. 간디가 해방시키려 했던 인도는 누구의 인도인가? 모든 인도인의 독립인가, 특정 계급만의 독립인가. 카스트 제도를 그대로 남겨둔 채 영국에게서 독립하는 것이 불가촉천민에게도 '독립'을 의미했을까? 그들로서는 영국의 지배에서 인도 내부의 지배로 옮아간 것에 불과하지는 않았을까? 간디 식의 독립은 어떤 인도의 독립을 말하는 걸까?

역사적으로 르네상스는 인본주의의 시작을 알리는 시기로 간주된다. 인본주의는 말 그대로 신 중심의 중세에서 인간의 권리와 자유, 평등을 근본으로 여기는 근대로의 이동을 의미한다. 이를 바탕으로 르네상스는 중세와는 다른 문학, 예술, 음악, 법률, 사상 등을 꽃피웠다. 그러나 이러한 르네상스 시대에도 여성들은 결혼이라는 명목하에 집안의 '거래' 대상이었다. 여성들은 공부를 하고 직업을 가지고 자신의 인생을 설계할 권리를 박탈당한 채 일정 나이가 되면 집안의 남성(아버지, 남자 형제 등)이 정해주는 가문으로 시집을 감으로써 집을 떠나야 했다. 그렇다면 인본주의

의 시작이라는 르네상스는 어떤 인간을 위한 인본주의였다고 할 수 있을까? 여성들에게도 르네상스는 인본주의였을까? 여성들에게도 르네상스가 존재했을까? 우리가 아는 르네상스는 누구를 위한 누구의 인본주의였을까?

2. 객관과 보편의 신화에 반기를 들다

흔히 언론이나 학문은 객관적이어야 한다고들 한다. 그런데 이 '객관적'이라는 말은 무엇을 뜻할까? 단순히 주관적인 것의 반대? 객관성은 '보편'이라는 말로 이해되기도 한다. 즉 특정한 개인이 아닌 누구에게나 보편적인 내용이 '객관적'인 것으로, 사람

근대로 접어들어 자유주의 사상이 대두되자 근대의 대표 사상가인 루소는 인간의 자유와 평등을 이야기했지만 그 인간은 남성을 가리킬 뿐이었고, 여성은 여전히 남성의 통제를 받아야 하는 종속적인 성이었다. 루소의 인간 평등 사상, 즉 모든 인간은 어떠한 사회적 체제로부터도 억압을 받아서는 안 된다는 주장은 남녀 평등 사상에 급진적 토대를 제공했다. 하지만 정작 루소 자신은 '인간 평등' 사상에서 여성을 '인간'에서 제외함으로써 여성 불평등을 지속시키는 데 일조했다.

들은 언론이나 학문이 그러해야 한다고 말한다. 그렇지만 주관적인 입장과 관점이 개입되지 않은, 순수하게 있는 그대로의 현실을 전하는 것이 가능할까?

오늘날 우리는 전 세계에서 벌어지는 다양한 일들을 안방에서 접한다. 그런데 텔레비전으로, 신문으로, 인터넷으로 전해지는 그 소식들은 있는 그대로의 현실을 전하고 있을까? 이라크 전쟁을 예로 들어보자. 알다시피 이라크 전쟁은 각국의 이해관계가 팽팽히 맞선 사건이다. 그런데 한국인들이 접하는 이라크 관련 소식은 대부분 CNN이나 BBC 등을 통한 것이다. CNN과 BBC는 미국과 영국의 '주류' 입장을 반영하는 방송사로, 미국과 영국의 이해관계에 따라 뉴스의 시각 또한 달라진다. 그러므로 한국인들은 있는 그대로의 이라크 전쟁이 아니라 미국이나 영국의 이해관계가 반영된 이라크 전쟁 소식을 접하는 것이다.

예를 하나 더 들어보자. 관광 수입이 주된 수입원인 제3세계 국가들에서 주로 발병하는 전염병 가운데 대표적인 것이 말라리아다. 말라리아를 비롯해 어떤 질병에 대처하려면 그 병에 걸리는 것을 미리 차단하는 예방약과 이미 발병한 증세를 치료하기 위한 치료약이 동시에 필요하다. 그런데 현재 개발된 말라리아 약은 치료보다는 예방에 집중되어 있다. 왜 그럴까? 말라리아 예방약은 주로 사업이나 관광을 목적으로 그 나라를 방문하는 사람들을 위한 것이고 치료약은 주로 현지인을 위한 것이라는 데서 답을 찾을 수 있다. 출입국 시 전염병 감염 여부를 엄격히 관리하고 경제력도 더 높은 나라에서 온 관광객과, 생활고로 치료 엄두도 내지 못

CNN과 BBC의 이라크 전쟁 보도에서는 상관없는 여러 가지 장면을 편집해 보여줌으로써 각국의 입장을 피력하는 방식이 등장했다. 가령 이라크 시내로 진입하는 미군들의 모습과 환호하는 이라크인들의 모습을 편집해 담은 뉴스는 미국의 이라크 침공이 이라크 국민들의 환호를 받고 있다는 의미로 전해진다. 하지만 나중에 밝혀진 사실에 따르면 환호하는 이라크인들의 모습은 이라크 전쟁이 일어나기 몇 년 전에 이라크 도심에서 있었던 자국민들의 축제 장면일 뿐이었다.

하는 현지인 중 누가 더 중요한 고객이겠는가? 즉 누가 어떤 질병에 대한 어떤 약을 필요로 하는가에 따라 신약 개발 투자의 집중도와 우선순위가 결정되는 것이다. 이는 질병을 둘러싼 약의 개발마저 어떤 기준에 따르고 있음을 보여준다. 과학 발전에는 인간의 특수한 가치가 개입되지 않으리라 여겨지지만 약 하나가 개발되는 데도 수많은 이해관계가 얽히고설키는 것이다.

　여기서 처음에 이야기한 좌표축 그림으로 돌아가보자. 현상을 바라보는 위치는 단 하나로 고정된 것이 아니다. 따라서 그 현상을 바라보는 시선은 다양할 수 있으며, 동일한 현상도 어떻게 바라보는가에 따라 다양하게 해석될 수 있다. 투명하게 있는 그대로의 현실을 바라보는 객관적인 위치가 존재하는 것이 아니라 바라보는 '위치'와 '입장'에 따라 다양하게 '해석'되는 사실들이 존재한다. 즉 무엇인가를 인식하는 것은 있는 그대로의 것을 '발견'하는 것이 아니라 자신의 관점으로 '해석'하는 것이다. 보편이 모든 사람에게 동일한 의미를 가지는 것이라면 그것은 의미가 단 하나라는 뜻이다. 그리고 단 하나의 의미만 존재한다는 것은 그 현상을 바라보는 수많은 입장과 관점 들을 모두 배제하고 여러 위치 가운데 단 하나의 관점만 선택했다는 뜻이다. 당연히 그 현상을 다르게 읽을 가능성은 닫히고 만다. 결국 보편은 가장 넓은 틀이 아니라 다른 입장을 배제한 채 만들어지는 가장 협소한 틀이 된다. 그리고 이러한 보편은 인식의 측면에서 좁다는 데 국한되지 않고 때로는 인식의 폭력성으로 연결되기도 한다.

흔히 인간은 '직립보행'하며, 이는 인간이 진화의 단계에서 가장 마지막에 해당하는 이유라고 말한다. 그러나 두 발로 바로 선다는 의미의 '직립'이라는 말은 선천적으로 또는 후천적으로 '직립'할 수 없는 사람들을 배제한다. 직립보행을 인간 진화의 기준으로 삼는 패러다임 안에서 이들은 조금 '다른 몸'을 가진 인간이 아니라 '정상적인' 인간 밖에 있는 존재다. 이러한 체계는 '직립=인간의 기준=정상'이라고 정함으로써 기준 밖에 있는 사람에게 굉장한 폭력이 된다. 이처럼 세상을 다양한 위치, 입장, 관점에서 바라보지 않을 때 우리의 시야는 좁아지고 세상을 왜곡하기 쉽다. 더불어 이는 다른 입장이나 관점을 가진 사람들에게 '보편'이라는 이름으로 행사하는 폭력이 되기도 한다.

의미는 인식하는 사람의 위치, 입장, 관점이 대상과 맺는 관계에 따라 여러 가지일 수 있다. 인식하는 사람이 서구인인가 비서

〈모든 것이 헛되다All is Va-
nity〉(길버트C, Allan Gilbert).
무엇을 중심으로 보느냐에
따라 해골을 그린 것으로도
거울 앞에 앉은 여인을 그린
것으로도 보인다.

구인인가, 남성인가 여성인가, 장애인인가 비장애인인가, 이성애자인가 동성애자인가, 높은 계급의 사람인가 낮은 계급의 사람인가에 따라서 동일한 현상도 다르게 해석된다. 단 하나의 가장 객관적인 사실이라는 신화는 주류가 아닌 사람들의 다양한 해석을 지우고 의미를 없애버린다.

따라서 우리는 '한국, 일본, 대만 등은 동아시아다'라고 하는 대신 '어디를 기준으로 할 때 한국은 극동아시아인가'라고 질문해야 하며, '고대 아테네는 민주주의 사회였다'라고 하는 대신 '아테네는 누구의 민주주의 사회였는가'라고 질문해야 하고, '르네상스는 인본주의의 시작이다'라고 하는 대신 '르네상스의 인본주의는 누구를 위한 것이었는가'라고 다시 질문할 수 있어야 한다. 이러한 질문들은 그동안 보편적인 상식으로 알고 있던 것들이 사실은 특정한 입장을 기준으로 만들어진 것임을 드러낸다. 보편이라는 신화가 깨지고 더 많은 다양한 '사실들'이 등장하기 시작할 때 우리는 세상을 보는 조금은 덜 왜곡된 시선을 가질 수 있을 것이다.

3. 여성학은 객관적인 학문일까

그렇다면 여성학은 객관적인 학문일까? 앞에서도 말했듯이 흔히 학문은 객관적이어야 한다고 생각하기 때문에 여성적인 시각과 가치가 너무나 분명하게 드러난 여성학은 학문이라기에는 지나치게 주관적이지 않느냐는 의문이 제기되기도 한다.

여성학은 특정한 가치와 관점이 강하게 개입된 학문이다. 여기서 특정한 가치란 '인간은 누구에게도 양도할 수 없는 고유한 권리를 가지므로 성별로 부당하게 차별받거나 억압받는 것은 정의롭지 못하다'라는 생각을 말한다. 과연 이렇게 특정한 가치가 개입된 여성학을 객관적이라고 할 수 있을까? 그럴 수 없다면 무엇이 객관적인 것일까?

특정한 가치가 개입된 것을 '주관적' 또는 '편파적'이라고 느끼는 이유는 인식의 주체와 대상을 분리할 수 있다고 생각하는 실증주의의 영향 때문이다. '모든 사회적 실재는 관념과 구별해 사물로 취급해야 한다'라고 주장한 뒤르켐Émile Durkheim의 영향을 받은 실증주의는 연구자와 연구 대상 사이에 어떠한 가치나 입장이 개입되지 않은 중립적인 관찰이 가능하며 또 그래야 한다고 주장했다. 따라서 실증주의에서 말하는 객관성은 연구자가 가능한 범위 내에서 얼마만큼 자신의 가치를 배제했는가에 달려 있다. 그러나 이러한 학문 전통은 구조주의의 비판을 받게 되었다. 쿤Thomas Kuhn과 파이어아벤트Paul Feyerabend는 과학적 지식과 그 지식을 만든 과학 공동체의 관계를 오랜 기간 관찰한 결과 과학적 지식은 특정 과학 공동체의 가치(성별, 인종, 국적, 계급 등)와 분리될 수 없다는 결론에 도달했다. 그들에 따르면 모든 연구자들(인식의 주체)은 어떤 사회적 현상을 관찰할 때 자신의 존재를 구성하는 특수한 요소들(남성인가 여성인가, 백인인가 흑인인가, 서구인인가 비서구인인가, 상류 계층인가 저소득 계층인가

에밀 뒤르켐

뒤르켐(1858~1917)은 프랑스의 사회학자이자 교육자로 《사회학 연보》를 창간해 뒤르켐 학파로 불리는 거대한 사회학의 한 학파를 형성했다. 뒤르켐과 그의 학파는 사회적 사실을 개인적 사실로 환원할 수 없는 일종의 독특한 종합으로 보았다.

쿤(1922~1996)은 미국의 과학사학자이자 철학자이다. 그에게 과학의 진보는 점진적인 발전이 아니라 기존의 것과 완전히 단절됨으로써 다른 단계로 이동하는 '전환'의 의미다. 1962년에 출간된 《과학 혁명의 구조》에서 '패러다임paradigm'이라는 용어를 최초로 사용했는데, 이 말은 주로 '변혁'이라는 말과 함께 기존의 낡은 가치관이나 이론을 뒤엎는 혁명적인 주장을 가리킬 때 사용된다.

등)에 따라 동일한 현상을 다르게 관찰한다. 즉 연구자가 특정한 가치를 완벽하게 배제한 채 연구 대상을 관찰하는 일은 불가능하다는 것이다. 구조주의는 이렇듯 연구자의 가치중립이 불가능하다는 사실에 기초해, 실증주의가 주장한 연구자의 가치중립성이 어떻게 현실을 왜곡해왔는지를 비판했다. 연구자의 가치가 배제될 수 없는 상황에서 가치중립을 표방한 연구들은 결국 특정한 가치에 보편이라는 이름을 붙임으로써 그 가치가 포함하지 못하는 많은 사람들에 대한 부당한 행위를 정당화해왔다는 것이 비판의 핵심이었다.

앞에 나온 예를 다시 생각해보면, 말라리아 약에 대한 연구가 치료보다 예방에 집중된 것은 결국 그 약과 관련된 특정 국가와 계급의 가치가 강하게 포함된 결과인 셈이다. 구조주의는 근본적으로 인식의 주체(연구자)와 대상이 완전하게 분리될 수 없으며 모든 관찰의 결과는 연구자의 특정 가치와 관점이 반영된 '가치 개입적' 현상이라고 본다. 따라서 모든 인식에는 그것을 인식하는 사람의 위치가 있고, 그 위치에 따라 해석도 달라진다. 이는 어떠한 인식이든 부분적이고 가치 개입적일 수밖에 없음을 뜻한다. 결국 보편적임을 주장하는 것은 특정 부분을 전체화하는 것에 지나지 않는다.

이처럼 모든 인식은 인식하는 사람의 위치를 반영하기에 필연적으로 부분적일 수밖에 없다. 미국의 과학철학자 해러웨이Donna Haraway는 이를 '위치 지어진 지식situated knowledge'이라고 했다. 이는 인식하는 사람의 특수한 위치가 그가 바라보는 인식에

한계를 만든다는 의미다. 이러한 인식의 부분성을 극복하는 방법
으로 철학자들은 '성찰적 상대주의'를 제시한다. 즉 자신의 관점
이 부분적임을 늘 자각하고 다른 위치에 있는 인식으로 자신의 부
분성을 인식하고 보완·확대하려는 노력만이 인식의 부분성을 해
소하는 방법이라는 것이다. 그러나 인식의 위치가 앎의 내용을 다
르게 한다고 해서, 세상에 존재하는 모든 관점을 그 자체로 인정
하고 존중해야 한다는 것은 아니다. 이는 자칫 상대주의의 오류에
빠질 위험이 있기 때문이다. 권력을 가진 자가 자신의 권력을 이
용해 누군가를 착취하고 억압하면서 그것 또한 '다양성의 원리'

할례는 이슬람, 유대교, 아프리카의 여러 종족이 행하는 의식의 하나로 성기의 끝 부분을 칼로 도려내는 것이다. 어린 시절 할례를 받지 않은 여성은 결혼할 나이가 되어도 환영받지 못한다. 할례 때문에 어린 여성 상당수가 감염, 과다출혈로 사망하는 일이 끊이지 않아 전 세계적으로 할례를 반대하는 움직임이 일어나고 있다.

로 인정되어야 한다고 주장하는 것, 이것이 상대주의의 폐단이다.

일부 아프리카 문화권에서는 아직도 전통이라는 이름으로 여성에 대한 할례가 행해진다. 외부에서는 이를 여성에 대한 폭력으로 규정하면서 중단하기를 요구하지만 정작 당사국에서는 전통과 문화의 이름으로 계속 유지하고 있다. 이처럼 누군가에게 부당한 방식의 폭력을 행사하는 것이 다양성이라는 이름으로 유지되고 작동되는 것은 다양한 인식을 포괄하는 대안이 될 수 없다. 무조건적인 상대주의와 성찰적 상대주의는 분명히 구분해야 한다.

여성의 시각으로 보기

인어공주는 왜 왕자를 죽였을까

동화 〈인어공주〉에서 여성인 인어공주는 왕자의 마음 하나를 얻기 위해 목소리는 물론이고 목숨까지 내어놓는다. 일견 비극적이고 아름다운 사랑 이야기로 읽히는 이 동화는 다시 생각해보면 자신의 일이나 꿈, 공부 같은 것이 아닌 남자의 사랑을 얻기 위해 자신의 모든 것을 던지는 여성을 아름답게 미화하는 이야기일 뿐이다. 더구나 왕자가 다른 여성에게 마음이 있는데도 일방적으로 자신을 던지는 것을 사랑이라 할 수 있을까? 다음은 홍익대에서 여성학 수업을 들은 학생들이 각색해본 인어공주 이야기다. 이를 읽고 여러분도 〈인어공주〉를 다른 시각으로 다시 써보자.

"부디 제 소원을 들어주세요. 왕자님이 마음에 들어요. 어떻게 그의 사랑을 얻을 수 있죠?"
마녀는 기분 나쁜 웃음을 입가에 흘리며 인어의 예쁜 목소리를 달라고 말했습니다. 인어공주는 두 다리가 필요했기 때문에 흔쾌히 그 제안을 받아들였습니다.

"좋아. 넌 예쁜 두 다리를 얻었지만 목소리는 낼 수 없어. 왕자와 결혼한다면 영원히 인간으로 살 수 있지만 그러지 못한다면 물거품이 되어 사라지지. 명심해."

마녀는 인어공주에게 마법의 약을 주었습니다. 약을 마시자 인어공주의 꼬리는 예쁜 두 다리로 변했습니다. 인어공주는 곧장 헤엄쳐 바닷가로 갔습니다. 황혼이 깃들 무렵 깊은 수심에 잠긴 왕자님이 해변 모래사장 쪽으로 다가왔습니다. 인어공주의 아름다운 모습에 반한 왕자는 공주와 사랑에 빠졌습니다. 행복한 시간을 보내던 어느 날 왕자는 이웃 나라 공주를 우연히 보고는 그녀가 바로 폭풍우를 만난 날 자신을 구해준 여자라고 오해해 결혼을 약속합니다. 그러나 목소리가 나오지 않는 인어공주는 왕자를 구한 사람이 자신임을 밝힐 수 없었습니다. 왕자와 결혼하지 못하면 물거품으로 변해버릴 처지인 인어공주는 세상에 남자는 많으니 자기부터 살고 보자고 결심합니다. 조바심이 난 공주는 언니들을 찾아가서 도움을 요청했습니다. 물속에서는 신기하게도 목소리가 나왔습니다.

"언니들, 나 이대로 죽을 수 없어. 난 젊어. 하고 싶은 게 많다고. 방법이 없을까?"

언니들은 마녀에게 가서 자신들의 예쁜 머리카락을 주고, 동생이 살 수 있는 방법을 알아왔습니다.

"왕자를 죽이면 다시 두 다리를 잃지만 물거품이 되지는 않아. 예전처럼 살 수 있어."

인어공주는 간단한 방법에 기쁨을 감추지 못하며 왕자의 방을 찾아갔습니다. 칼을 들고 잠시 죄의식에 고민하지만 살아야겠다는 굳은 의지로 왕자를 찔렀

습니다. 왕자가 눈을 감기 전, 인어공주는 과거에 사랑한 남자에 대한 동정으로 눈물을 흘립니다. 그리고 속삭입니다. "사랑했지만 너무 늦었어요. 사랑은 기브 앤 테이크입니다."

인어공주는 자신이 살던 바다로 돌아와 가족들의 환영을 받으며 살아 있음에 감사했습니다. 그리고 앞으로는 더욱 현명하고 강한 여성이 되어야겠다고 다짐하며 행복하게 살았답니다.

남자는 배, 여자는 항구
─성차와 성역할

상황1 : 아들이 직업군인인 연상의 여자와 결혼하려는 것에 반대
하는 어머니

"이 결혼, 안 됩니다. 군대에서 상관으로 모신 사람을 아내로 맞
이하는 거 싫어요. 우리 하남이가 떠받들고 쩔쩔매는데 엄마로서
그런 거 싫네요. 더구나 군인 며느리 생각도 못했어요. 혹시 군인
그만둘 생각 없어요?"(드라마 〈소문난 칠공주〉 중에서)

상황2 : 남자 간호사를 본 환자 가족의 반응

"당신은 남잔데 간호사라고? 무슨 남자가 간호사야?"(영화 〈미트
페어런츠 2〉 중에서)

상황3 : 남자 베이비시터를 본 남성

"혹시 게이예요? 그럼 그냥 애보는 남자란 말이에요?"(〈프렌즈〉

시즌 9 중에서)

특정 직업에 종사하는 사람이 '남성'이냐 '여성'이냐에 따라 사람들의 반응은 달라진다. 자식이 자기보다 연상인데다가 사회적 위치가 높은 사람과 결혼하려 할 때, 그 결혼을 반대하는 비율은 딸의 부모보다는 아들의 부모 쪽이 높다. 간호사나 베이비시터처럼 흔히 여성의 직업으로 여기는 직업군에 종사하는 남성을 바라보는 사람들의 시선은 의아함으로 가득하다. 사람들은 왜 특정 직업(역할)과 성별을 연관 지어서 생각할까?

1. 1등은 앞으로 2등은 뒤로―위계화된 성차

여자와 남자는 어떤 기준으로 구분할까

저기 한 사람이 걸어온다. 대부분의 사람들은 그가 여자인지 남자인지 한눈에 구분할 수 있다. 이런 구분은 어떤 기준에 근거한 것일까? 18세기 이후 생식기와 염색체 같은 생물학적 차이는 여성과 남성을 가르는 기준으로 동원되어왔다. 그러나 사람들은 자신을 향해 걸어오는 사람의 생식기를 굳이 눈으로 보지 않아도, 그의 염색체가 XX인지 XY인지 확인해보지 않아도 성별을 알 수 있다. 이는 어떻게 가능할까?

오늘날 우리 사회는 여성인지 남성인지의 성별 구분 없이는 정상적인 사회 구성원으로 살아가는 것을 허용하지 않는다. 직장을 구할 때, 웹사이트에 회원으로 가입할 때, 은행에 계좌를 만들 때, 휴대전화를 구입할 때면 반드시 주민등록번호가 있어야 한다. 그 사회의 구성원임을 확인해주는 주민등록번호의 뒷자리는 여성과 남성을 구분하는 숫자로 시작된다. 이처럼 성차는 사회를 구성하는 하나의 원리로 작동되면서, 단순한 심리적 차원의 정체성을 떠나 사회 성원으로서 무엇을 할 수 있고 없는지를 결정해주는 물리적 기능까지 담당한다.

그러나 누구나 여성 혹은 남성으로 구분되어 태어난다는 믿음은 그리 오래된 것이 아니다. 이는 16세기 이후 생물학에서 만들어낸 성별sex 범주에서 시작되었다. 또한 염색체와 생식기, 호르몬 같은 성별 구분을 위한 생물학적 개념은 18세기 이후 자연과학이 발전하면서 나온 것이다. 17세기의 인체 해부도를 보면 여성과 남성을 구분하는 가장 큰 차이로 여겨지는 성기까지 거의 비슷하게 그려져 있다.

그림에서처럼 당시 인체 해부도에서는 남녀 생식기의 뚜렷한 차이를 찾아볼 수 없다. 이는 당시 여성과 남성의 생식기가 동일했기 때문이 아니라 여성과 남성의 생식기를 '차이'로 부각해야 한다는 의미 체계가 없었기 때문이다.

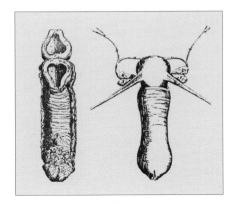

17세기 인체 해부도.
음경과 흡사한 질(왼쪽). 질과 자궁을 묘사한 그림(오른쪽).

도대체 여자야, 남자야

이러한 성별 구분 자체에 포함되지 않는 사람들이 있다. 여성과 남성의 생식기를 모두 가지고 태어난 남녀추니는 성별 범주를 사회 구성의 기본 원리로 마련해놓은 이 사회에서 살아가기 위해 일정한 시기(주로 유아기)에 이르면 여성으로 살 것인지 남성으로 살 것인지를 결정해야 한다. 이들에게 성별은 '타고나는 것'이 아니라 '결정하는 것'이다. 남녀추니는 대부분 출생 시 하나의 성으로 확정하는 시술을 받음으로써 여성이나 남성 가운데 한쪽의 성을 가지게 되는데, 사회생활을 하면서 몸을 노출할 상황이 상대적으로 적은 여성을 선택하는 비율이 높다.

여성과 남성, 단 두 가지의 성별만을 인정하는 사회에서 이들은 이 두 범주 가운데 어느 하나로 편입될 것을 강요당한다. 그러나 히즈라는 자신들을 거세를 통해 새로운 성 정체성과 영성을 지닌 존재로 여긴다. 그들은 거세 의례를 니르반nirvan이라 부르는데 니르반은 무욕과 평정의 상태를 뜻한다. 진정한 히즈라는 크리슈나 여신을 모시며 성욕을 초월한 채 평생을 살아간다. 과거 이들은 힌두교의 후원하에 남성도 여성도 아닌 모호한 젠더로 취급받으며 국가 권력이나 일반인이 쉽게 대하지 않고 경외감을 품는 존재였다. 그러나 서구의 성별 이분법 체계와 만나면서 이들의 위치는 하락하고 있다. 서구적으로 근대화된 인도의 힌두교는 히즈라를 매춘의 거리로 내몰고 있으며 지금은 히즈라를 바라보는 일반인의 태도가 종교적인 것에서 성적인 것으로 바뀌었다.

여러 개의 성별 구조를 갖춘 사회라면 이야기는 달라진다. 다양성을 힘의 근원으로 존중하는 종교 문화가 지배적인 인도에는 여성도 남성도 아닌 제3의 성인 히즈라hijra라는 성별이 있다. 인도의 힌두교는 모호함을 에너지의 원천으로 여기며, 나와 다른 것을 배척하기보다는 공존하는 것을 긍정적으로 바라본다. 힌두교 신화에 등장하는 많은 신들은 여자도 남자도 아닌 모호한 유형으로 등장한다.

이러한 종교 문화 속에서 과거의 인도 사회는 히즈라의 모호성을 '이상함'이 아닌 '다름'으로 인정했다. 이는 히즈라가 자신의 성별 정체성이나 사회적 역할에 자긍심을 갖게 하는 원천이기도 했다. 히즈라는 사회에서 공식적으로 부여한 역할, 즉 주로 결혼식이나 아기가 태어난 집의 잔치에 가서 공연을 해주거나 종교 의례를 수행했다. 북아메리카의 버다치berdache, 타히티의 마후mahu 등

중앙아시아에는 바카(터키어로 어린이)로 불리는 12~16세의 소년들이 화려한 옷과 화장을 하고 성적인 노래와 춤을 공연하는 전통이 있었다. 이들은 성전환을 표현하는 것으로 여겨져왔으나 몇몇 인류학자들은 동성애로 보기도 했다.

히즈라와 유사한 성별 양식은 이 세계 곳곳에 존재한다. 이는 성별에 대한 이분법적인 체계가 필요에 따라 만들어진 것임을 보여준다. 서구 중심의 성별 이분법을 경계하는 일부 학자들은 이들을 제3의 성으로 부르자고 제안하는데, 그러한 '제3의 성역할' 개념은 근대화 및 서구화와 밀접히 연관된다. 다양한 성별의 존재는 여성과 남성이라는 양성, 그리고 양성의 위계를 요구하는 문화적 제국주의의 영향으로 폐기되어갔다. 즉 세상에는 오직 여성과 남성이라는 두 가지 성만 존재하며 각각의 성은 서로 배타적인 의미와 특징을 지닌다는 믿음이 다양한 성별의 존재를 양성 체계로 편입하게 한 것이다.

힌두교의 신 시바는 여성과 남성 모두로 표현된다. 뭄바이 근처 엘레판타 석굴의 시바상.

만약 인도를 방문한 한국 사람이 히즈라를 만난다면 그는 히즈라를 '히즈라' 자체가 아니라 남자 같은 여자나 여자 같은 남자라고 생각할 것이다. 인간을 두 가지 성별로만 구분하는 사회에서 내 앞으로 걸어오는 사람은 여자거나 남자여야만 한다. 그러나 우리가 인간을 여성 또는 남성이라는 성별로 분류하고 인식하는 것은 인간이 원래 여성이나 남성으로 나뉘어 태어나기 때문이 아니다. 성별이라는 범주는 사람들을 여성과 남성으로 범주화하는 사회가 고안해낸 의미 체계의 결과다.

성역할은 남녀가 맡는 각기 고유의 사회적인 기능을 가리킨다. 이 개념은 남성적 또는 여성적이라는 특징이나 기질이 태생적으로 결정되는 것이 아니라 사회에서 할당된 것으로 본다.

날마다 조금씩 강한 남성, 약한 여성 되기

여성과 남성이라는 단순한 성차가 계급이 된 데는 사회의 특정한 이해관계가 개입되어 있다는 비판적 문제의식에서 여성학은 출발한다. 불평등한 성별의 위계가 개인 차원이 아닌 사회 차원의 문제임을 환기하고자 한 여성학의 첫 번째 작업은 생물학적 성별과 사회적 성별을 구분하는 것이었다. 이를 위해 여성학자들은 생물학적 성별로서의 sex와 사회적 성별로서의 gender(젠더)를 구분했는데, 이는 여성과 남성 사이의 성차가 본질적인 것이 아니라 사회·문화적 과정을 통한 구성물임을 주장할 수 있는, 즉 여성의 사회적 열등함과 남성에 대한 종속을 정당화해온 생물학적 결정 논리를 깨는 혁명적 인식의 출발이 되었다.

초기 페미니즘은 생물학적으로 타고나는 성별과 사회적으로 구성되는 성별 정체성을 구분해 전자를 섹스로 후자를 젠더로 개념화했다. 즉 생물학을 기준으로 인간을 여성과 남성의 범주로 분류하는 일련의 사회·문화·정치적 과정을 젠더(사회적 성별)로 이해했다. 그렇다면 여성성과 남성성이 사회적으로 구성된다고 할 때 개인과 사회의 관계는 어떠할까? 사회는 각 개인에게 문화를 지시하는 총체적이며 통일된 주체이고 개인은 그러한 사회적 각본이 새겨지기를 기다리는 텅 빈 백지일 뿐일까? 각 개인은 사회의 의미 체계, 즉 각본을 적극적으로 선택하고 실천함으로써 자신을 성별화된 주체로 구성해간다. 사회적으로 구성된다는 것은 문화가 어느 날 갑자기 개인에게 찾아와 완결된 상태로 유지된다는 것을 의미하지는 않는다. '구성'은 개인의 구체적인 실천을 통해 매일 그리고 매순간 이루어진다. 오락실 앞에서 펀치를 날리는 남성은 그 순간 '강한 남성'이라는 사회화된 남성성을 실천함으로써 자신을 남성으로 구성해간다. 화가 나는 상황에서 또박또박 분노를 표현하는 대신 울어버리는 여성은 그 순간 우는 행위를 통해

자신을 여성으로 구성해간다.

그러나 이러한 초기의 섹스와 젠더 구분은 또 다른 난관에 봉착한다. 여성과 남성이라는 성별 정체성이 사회적으로 구성된 것이라는 페미니즘의 설명은 성별이 단 두 개라는 섹스를 전제로 함으로써 여성과 남성 이분법을 다시 정상화한다는 비판을 받았다. 성별 이분법은 다양한 성별 정체성을 추구하는 성적 소수자에 대한 억압을 재생산한다고 후기 구조주의 페미니즘은 지적했다.

이러한 문제 제기 이후 섹스 자체를 젠더의 산물로 바라보는 관점이 형성되기 시작했다. 즉 인간이 반드시 여성이나 남성 가운데 하나로 태어난다는 믿음은 생물학적 사실을 기반으로 한 것이 아니라 인간을 여성과 남성이라는 이분법적 틀 안에 가두려는 사회적 인식이 만들어냈다는 것이다.

이를 계기로 여성학의 문제의식은 한 걸음 앞으로 나아간다. 그

1970년대 들어 여성운동이 성장하고 제임스 딘이 인기를 몰고 온 청바지 문화가 유행하면서 유니섹스룩이 하나의 문화로 등장했다. 유니섹스룩은 주로 여성의 '탈여성화'에 초점이 맞추어져 있었는데, 현재 유행하는 젠더리스룩genderless look은 남성의 '탈남성화'에 초점이 맞추어져 있다. 남성들이 화장과 패션에 민감해지면서 이들을 주된 소비자층으로 공략하는 남성 외모 산업이 성장하기 시작한 것이다. 유니섹스룩과 젠더리스룩은 둘 다 성별 이분법을 벗어나기 위한 시도로 읽히지만 여전히 여성다움과 남성다움이라는 전제에서 벗어나지 못한다는 한계를 가진다.

남녀를 상징하는 기호. 왼쪽의 여성을 나타내는 기호는 금성Venus 신 비너스(미와 사랑의 여신)가 들고 다녔다는 거울에서, 오른쪽의 남성을 나타내는 기호는 화성Mars 신 마르스(전쟁의 신)의 창에서 따왔다.

때까지 성차에 대한 여성주의의 질문이 '왜 여성은 여성으로 길러지고 남성은 남성으로 길러지는가' 였다면, 이제는 이에 앞서 '왜 인간을 여성 또는 남성이라는 단 두 가지의 성별 범주로만 인식해야 하는가' 라는 질문이 제기된 것이다.

인간을 여성과 남성이라는 두 가지 성별로만 인식하는 것은 인간의 타고난 생물학적 특질에 따른 자연적 결과가 아니라 인간을 단 두 가지 성별만으로 나눈 사회적 고안, 즉 젠더의 결과다. 그렇다면 왜 사회는 여성과 남성이라는 범주를 고안했으며 그것의 사회 · 정치적 효과는 무엇일까?

뒷줄에 선 여성, 남성과 나란히 서다

어느 날 잠에서 깨어보니 성별이 바뀌었다고 가정해보자. 사람들은 나에게 어떤 말을 하기 시작할 것이며, 어떤 말을 하지 않게 될까? 어떤 직업을 새롭게 선택할 수 있고, 어떤 직업을 선택할 수 없게 될까? 무엇을 하지 않아도 되고 무엇을 해도 될까? 이렇듯 성별이 바뀌면 어떤 것을 새롭게 할 수 있거나 할 수 없다고 생각하는 근거는 무엇일까? 그리고 그 근거는 타당한가? 여성에게 기대하는 것과 남성에게 기대하는 것은 왜 다를까? 여성은 왜 남성보다 감정적이고 덜 이성적이며 수동적인 존재로 여겨질까?

여성의 출산 가능성은 여성을 밭, 남성을 씨로 보는 상징 체계를 작동시킨다. 이를 통해 여성은 정적인 존재이고 남성은 동적인 존재로 여겨졌다. 따라서 여성은 가정, 즉 양육을 담당하는 역할을, 남성은 일터, 즉 생계를 담당하는 역할을 하는 것으로 나뉘게 되었다. 그러나 생물학적으로 볼 때 여성이 밭이고 남성이 씨가 아니라 여성도 씨, 남성도 씨일 뿐이다. 생물학이 성역할을 나눈 것이 아니라 성역할 관념이 구분과 차이를 만들어낸 것이다.

근대 과학은 여성과 남성의 차이를 과학적인 것으로 보이게 하려는 작업을 무수히 진행해왔다. 역사적으로 여성은 남성에 비해 열등한 존재로 여겨졌는데, 이는 성차를 극대화하고 차이를 위계화하려는 다양한 시도의 결과다. 성차의 위계화는 여성에 대한 남성의 통제와 지배를 정당화하는 원리가 되어왔다. 여성의 열등성을 입증하고자 하는 남성 중심적 욕망은 다양한 연구로 이어졌고, 그 결과로 나온 지식들은 성별 권력 관계를 탄탄하게 뒷받침하면서 지식과 권력의 상호작용을 이루어냈다.

19세기 이래로 과학계에서는 여성과 남성의 유전자나 호르몬 등의 차이를 남성성과 여성성의 특질을 결정짓는 원인으로 확립하는 기획을 시작했다. 그 결과 이전에는 한 몸으로 인식되던 여성과 남성은 확연한 신체적 차이가 부각된 다른 성별로 인식되기 시작했다. 이어지는 예들은 그러한 작업을 단적으로 보여준다. 물론 이제는 이것이 과학적 사실이 아닌 억지 이론임이 밝혀졌지만, 오늘날에도 이 이론들에서 나온 잘못된 믿음들은 여성과 남성 사이의 차이와 그것의 위계를 주장하는 방편으로 사용된다.

성차에 대한 오해 1 : 여자는 남자보다 머리가 나쁘다?

19세기 후반의 신생 과학인 심리학은 성차에 대해 연구하기 시작했다. 이때 심리학이 주력한 부분은 여성이 지성(知性)에 약하고 감정에 강하다는 것을 설명하는 일로, 여성의 뇌에서 그와 관련된 결함을 밝히고자 했다. 많은 연구자들은 남성의 뇌 용량이 여성보다 크고 따라서 남성이 여성보다 영리하다는 주장을 내놓았다.

일부 연구자들은 같은 남성이라도 키와 몸무게에 비례해 뇌의 크기가 각각 다르다는 점을 밝혀냈다. 그리고 뇌의 무게와 몸무게의 비율을 따져볼 때 상대적으로 여성의 뇌가 더 무겁다는 사실이 밝혀졌다.

성차에 대한 오해 2 : 생리 중인 여성은 감정이 불안하다?

여성은 생리 때문에 남성에 비해 감정 기복이 심하며 수동적이고, 불안, 긴장감, 초조, 우울, 적대감을 더 많이 갖는 경향이 있다. 여성들의 급한 성미나 급격한 심리적 변화는 월경 주기를 두고 일어나는 호르몬의 변화와 관련된다. 생리 기간 중 감정이 불안해지는 것은 수많은 여성들의 특징이다. 생리는 여성과 남성 사이의 지적 성취를 가르는 기준이 된다.

이는 20세기 초중반에 걸쳐 행해진 연구의 결과로, 남녀를 떠나 뇌의 크기나 무게와 지적 능력은 연관성이 크지 않은 것으로 보아야 한다. 실제로 2002년에 영국 옥스퍼드 대학에서 행한 연구에 따르면 천재 아인슈타인의 뇌는 일반인 뇌의 평균 무게보다도 가벼운 것으로 밝혀졌다.

1960년대 영국의 한 대학에서 남성과 여성 들을 상대로 그날의 신체적·감정적 증상에 대해 질문했다. 대상이 된 사람들 가운데 절반은 그 연구가 생리와 관련 있음을 알고 있었고 그들이 받은 질문지에도 '월경 고통에 관한 질문지'라는 제목이 붙어 있었다. 나머지 절반에게는 일상생활의 건강 리듬을 다루는 연구라고 말하고 제목이 없는 동일한 질문지를 제공했다. 생리 연구임을 알았던 집단의 생리 전 여성들은 생리 중인 여성들보다 고통 지수가 더 높게 나타났다. 반면 연구의 목적을 모르는 집단의 생리 전 여성들의 점수는 같은 집단에 있는 생리 중인 여성들과 차이가 없었으며 이들 여성들의 점수는 남성들의 점수와 비교해도 전체적으로 크게 다르지 않았다.

1960년에 영국의 의사 돌턴은 한 영국 여학생 집단의 27퍼센트가 배란기보다 생리 직전에 더 낮은 시험 점수를 받았다고 보고했다. 그러나 그 집단의 56퍼센트는 시험 점수에 아무 변화도 없었고 17퍼센트는 생리 전에 더 높은 점수를 받았다. 돌턴은 보고서 마지막에 이 사실을 덧붙였지만, 과학자들은 이 연구를 인용할 때 73퍼센트에 해당하는 후자에 대해서는 중요하게 여기지 않았다.

성차에 대한 오해 3 : 여성스러움은 호르몬 때문이다?

태아기의 성 호르몬(여성 : 프로게스테론, 에스트로겐/남성 : 안드로겐, 테스토스테론)은 아이의 성 정체감을 자동적으로 결정짓는다. 여성 호르몬은 감정적이고 수동적이게, 그리고 성적으로 피동적인 성향을 띠게 만든다. 반면 남성 호르몬은 능동적이며 공격적인 성향을 띠게 만든다.

존스홉킨스 대학의 머니John Money 박사와 콜롬비아 대학의 에르하르트Anke A. Ehrhardt 교수는 남녀추니로 태어난 아이 두 명의 성장 과정을 관찰해 그 결과를 발표했다. 두 아이 중 한 명은 음핵 교정 수술을 받은 뒤 소녀로 길러졌고 다른 아이는 남근 복원 수술을 받은 뒤 소년으로 길러졌다. 머니와 에르하르트에 따르면 두 아이는 각기 다른 성 역할을 보이며 자랐다.

사회생물학은 인간 종족의 남성 지배나 여성과 남성에 대한 성적 이중기준, 모성 등이 모두 생물학에 근원을 둔다고 주장하는 대표적인 지식 체계다. 사회생물학에서 보기에 인간의 행동과 태도, 기질 등은 인간이 환경에 적응해가는 과정에서 진화해온 전략적 산물이다. 이는 다윈Charles Robert Darwin의 진화 이론 계보에 놓인 것으로 다윈은 《종의 기원Origin of Species》에서 왜 종들이 현재와 같은 방식으로 존재하는가를 질문했다. 그는 이를 자연의 선택 법칙으로 설명했는데, 기존의 종들 안에서 환경에 적응하는 특성을 가진 개체가 자연환경에 의해 선택되면 그 특성들이 그 종의 집단에 퍼진다는 것이다. 따라서 적합한 특성을 갖지 못한 개체들은 재생산되기 이전에 죽거나 도태되고 결국 사라진다. 사회생물학자들은 인간의 행동 가운데 많은 부분이 개인 특유의 유전자가 살아남는 방식으로 움직인다고 생각한다.

일부 학자들은 남자 아이가 선천적으로 여자 아이보다 위험에 끌리는 경향이 있다고 말한다.

'남성은 적극적이고 성욕이 강하며 이성적이고 수리에 강하다 / 여성은 수동적이고 성욕이 약하며 감정적이고 언어에 강하다' 등 성차를 둘러싼 사회적 신념은 19세기 이래로 사회생물학에 의해 이론적으로 뒷받침되어왔다. 사회생물학은 전통적인 생물학 이론들과 사회학 이론을 연결함으로써 사회 행위를 생물학 법칙에 기초해 설명하고자 했다. 이들에 따르면 사회 현상과 개인은 이기적 유전자의 근본 법칙에 따라 움직인다. 유전자는

가장 기초적인 생화학 수준에서 어떤 특성의 발달에 영향을 미치는 DNA 분자의 한 구성 요소로, 유전의 기본단위이다. 사회생물학자들은 이러한 사고를 밀고나가 모든 사회 현상에 유전자가 존재하며 사회 행위 일체를 유전자로 설명할 수 있다고 주장한다. 이들의 주장에서 남성적 본성과 여성적 본성은 생물학적으로 존재하게 된다.

사회심리학자 타브리스Carol Tavris는, 인간은 모든 것이 명백하고 용이할 때는 규칙을 만들지 않고 대안 가능성이 있을 때만 어떠한 규칙을 만들어낸다고 했다. 만일 본질적으로 여성이 남성보다 열등하다면 그렇게 많은 과학자가 여성의 열등성을 입증하려 노력하지 않아도 되었을 것이다. 마찬가지로 여성과 남성의 본질적인 차이가 한쪽의 지배와 통제를 보장한다면 한쪽의 열등성

생물학적 결정론은 생물학이 모든 것의 운명을 결정한다는 사고로, 인간의 성격이나 사회는 대부분 인간 생리 기능의 지시를 받으며 남성성과 여성성에 본질적으로 변하지 않는 차이가 있다고 본다. 이는 여성이 남성에게 의존하는 것, 여성이 사회적으로 주변화되는 것이 생물학에 의해 결정된 자연스러운 이치라고 설명함으로써 여성 억압의 사회·정치적 측면을 정당화하는 기능을 수행해왔다. 그러나 이러한 관점은 문화인류학자와 여성학자 들의 연구를 통해 특정 사회의 문화에 따라 구성되는 현상으로 설명되고 있다.

을 주장하는 노력이 필요하지 않을 것이다. 생물학 결정론자들의 이야기가 옳다면 건축에서 남성이 더 높은 지위를 차지하는 것은 남성들의 타고난 시공간 능력 때문이라고 할 수 있다. 그렇다면 또 다른 종류의 시공간 능력을 요구하는 바느질은 왜 남성들에게 맡기지 않을까? 반대로 여성들이 관계나 언어 관련 능력을 타고 났기 때문에 남성보다 아이를 더 잘 기를 수 있다면 이 능력은 여성들을 정상의 정치가나 외교관으로 만들어줄 수도 있다.

모든 과학적 관찰과 실험에는 그것을 행하는 과학자나 연구자, 관찰자가 몸담고 있는 공동체의 특정한 가치 기준과 이해관계가 개입되기 마련이다. 1장에 나온 기존의 실증주의 방법론에 도전한 철학자 쿤과 파이어아벤트에 따르면 모든 과학적 지식은 그 지식이 생산된 지식 공동체의 가치 기준과 전제에서 분리될 수 없다. 따라서 어떠한 가치나 관점도 개입되지 않은 절대적 경험으로서의 관찰이나 그 관찰 결과로 얻은 절대적 지식은 존재할 수 없다. 쿤과 파이어아벤트는 결국 단 하나의 지식이 아닌 다양한 지식이 존재하며, 그렇게 많은 지식들 가운데 무엇이 가장 권위 있는 지식으로 뽑히는가는 그 지식을 생산한 집단의 권력에 관계된 일이라고 보았다. 이 주장을 조금 더 발전시킨 여성주의 인식론자 하딩Sandra Harding과 해러웨이는 사회생물학을 비롯한 지식 체계는 여성에 대한 지배라는 가부장적 목표와 분리될 수 없는 불평등한 성별 권력 관계의 반영물이라고 주장했다. 그러한 지식 체계가 나오기까지의 관찰과 가설, 실험, 일반화의 모든 과정에는 남성 중심 사회에서의 남성이라는 이들이 가지는 특수한 위치가 반영되어 있기 때문이다. 남성의 우월한 사회적 지위를 유지하려는 가부장적 입장은 남성 중심 과학을 기획하는 토대가 되었고, 그렇게 생산된 지식은 역으로 남성의 권력에 기여함으로써 둘은 상호 의존적인 관계를 형성하게 된다.

이렇듯 사회생물학의 생물학 결정론에 반기를 든 학자들은 성차를 생물학이 아닌 사회화와 연관해서 바라보았다. 그들은 성차가 이 사회의 언어, 매체, 교육 등이 내보내는 성역할 메시지들과 그것이 가진 사회적 보상과 처벌에서 나온다고 설명한다. 즉 성차를 위계화된 방식으로 성립시키는 것은 생물학의 결과가 아니라 권력의 효과라는 것이다.

2. 신사 숙녀 여러분!

내가 숙녀가 아닌(아니고 싶은) 이유

숙녀들은 창백한 피부에 하얀 장갑을 끼고 있다.
그들은 찬장을 닦는
검은 피부의 여자들이 잊어버렸거나 속였는지 확인하기 위해
그 찬장 꼭대기를 문질러본다.

숙녀라면 욕을 하지 않듯이
마찬가지로 숙녀는

의자 팔걸이에 다리 하나만 얹은 채
앉지 않는 법이다.

숙녀는 자동차를 고치지 않고, 다리를 만들지도 않고, 전깃줄을
배선하지도 않는다.
숙녀는 대통령이 아니라 영부인이 된다.

똑바로 앉아라, 젊은 숙녀들아!
다리를 꼬아라(우선 다리를 면도하라).
이마의 그 주름을
(필요하다면 수술로) 제거하라.
목소리를 낮추어라.
미소를 지어라.

(누군가 왜 숙녀용 화장실로 기어 들어가는지 묻는다면,
코에 화장분을 발라야 하기 때문이라고 말하라.)

자신을 숙녀라고 불러라.
그러면 그가 너를 보호할 것이고
너를 존경할 것이고
너를 떠나지 않을 것이다.
하지만 청소하는 숙녀는 누가 보호해줄까?

〈샬로트의 아가씨〉
(존 윌리엄 워터하우스, 1888)

왜 대학에 숙녀학이 없는지

이상하지 않은가?

나는 여자로 남아

그 기본적인 말을 간직하리라.

다른 여자들은 너무 더러워 깨끗이 닦아내고

그래서 숙녀로 불리고 싶어 하는 그 말을.

진짜 여자가

남자의 달러에서 일 달러를 벌 수 있을 때까지

진짜 여자가 자신의 몸을 자신의 것이라고 부를 수 있을 때까지

진짜 여자가 평화롭게 여자를 사랑하고

두려움 없이 남자를 사랑할 수 있을 때까지

진짜 여자가 자신의 등이 아니라 별들에 마음을 두고

어두운 거리를 걸어갈 수 있을 때까지

나는 숙녀란 거짓말임을 알아내리라.

다양한 젠더 불평등
문제를 다룬 여성학 이
론과 방법론의 입문서.

—셰릴 클라인만Sherryl Kleinman,《페미니스트 프론티어Feminist
Frontier》

위의 시는 외모, 태도, 기질, 역할에 대해 성별화가 이루어진 문
화가 여성들의 삶을 어떻게 통제하는지를 상징적으로 보여준다.
숙녀로 대접받고 보호받는다는 것은 결국 여성 자신의 삶에 대한
선택권이 남성에게 넘어간다는 것을 의미한다. 보호의 또 다른 표
현은 통제다. 보호라는 미명하에 여성들은 스스로 인생을 설계하
고 상상하고 책임질 기회를 박탈당한다. 성역할은 단순히 역할의
구분을 떠나 한 인간을 주체적으로 살 수 있게 또는 없게 만드는
효력을 발휘한다. 이제부터 성역할이 어떻게 우리 사회의 문화
를 구성하는 원리로 작동되는지 살펴보자.

성역할, 구분일까 차별일까

성역할이 사회적으로 구성되었다 하더라도 특정한 방식
의 차별과 불평등을 야기하지 않는다면 굳이 문제될 것은 없
다. 그러나 여성과 남성의 차이, 즉 성차에 대한 오해와 거기

서 나온 문화는 성역할을 규정함으로써 사회적 불평등을 만들어
낸다. 성차가 문제가 되는 이유는 여기에 있다.

　성차를 어떻게 이해하는가의 문제는 개인과 세계의 관계를 어
떻게 보는가와 연관된다. '나는 생각한다. 그러므로 존재한다' 라
는 데카르트René Descartes의 명제에서 개인은
세계에 앞서 존재한다. 그러나 구조주의는 데카
르트의 명제를 이렇게 바꾸어놓았다. '나는 특정
한 방식으로 존재한다. 그러므로 특정한 방식으
로 생각한다.' 구조주의와 문화인류학의 출현은
개인과 사회의 관계에 대해 구성론의 입장을 제
공했다. 구성론은 개인은 특정한 역사적 시점에
서 그를 통제하고 지배하는 사회 · 경제 · 정치적
환경들과 연결되면서 구체적인 인간으로 구성된
다는 이론이다. 즉 한 사회를 구성하는 원리로서
의 지배적인 가치, 규범, 신념 등은 구체적인 문
화의 형태(법, 언어, 매체, 교과서 등)로 재현되
는데, 이때 개인은 각각의 가치가 가진 사회적 보
상과 처벌 혹은 정상과 비정상의 기준을 간파한
다. 그러면서 거기에 적극적으로 참여하기도 하
고 저항하기도 함으로써 세계와 특정한 관계를
맺는 것이다. 그러한 개인의 행위가 가지는 성질
은 사회적 원리에 따라 개인을 구성하는 방법,
즉 개인과 사회를 연결하는 매개체가 된다.

스코틀랜드 민속의상인 킬트를
입고 백파이프를 연주하는 남
성. 일반적으로 치마는 남성의
성역할에 어긋난다고 생각하지
만 과거 스코틀랜드에서 이런
차림은 낯선 형태가 아니었다.

이런 과정을 통해 각 사회의 구성원들은 그 문화가 보편화한 특징을 갖게 된다. 우리가 아는 거의 모든 사회는 여성과 남성이라는 성별 이분법의 범주를 사회 구성의 원리로 하고 있다. 이는 성별 분리가 문화를 구성하는 원리가 되고 있음을 의미한다. 한 개인이 여성으로 혹은 남성으로 태어난다는 것은 곧 그 사회가 가진 성별 분리 문화에 진입한다는 것을 뜻한다. 이때 각 개인의 성별 정체성은 무엇을 할 수 있고 할 수 없는지를 결정하는 사회적 규범이 된다.

지금부터 성역할이 어떻게 문화를 구성하는 원리로 작동되고 있는지를 언어와 법률을 통해 살펴보고, 한 사회가 가진 여성성에 대한 지배적 이데올로기가 어떤 방식으로 개인적 차원에서 실행되고 있는지를 여성들의 몸 가꾸기를 통해 살펴보겠다.

예쁜 건 여자, 잘생긴 건 남자

 여풍(女風)이여 안녕

책상이라는 단어가 반드시 책상으로 인식된 대상을 지칭하는 용어여야 할 필연적인 이유는 없다. 마찬가지로 '여성스럽다' 가 부드럽다, 약하다, 수동적이다, 감성적이다 등과 연결되어야 하고 '남성스럽다' 가 강하다, 충동적이다, 이성적이다 등과 연결되어야 할 필연적 이유도 없다. 모든 언어는 기표(형태, 틀)와 기의(의미)로 이루어지는데 언어의 대상인 기표와 그것을 지칭하는 의미인 기의가 연결되는 데 일정한 기준이나 규칙이 있는 것은 아니다. 현재 영어사전에서 '기자의', '기자다운'이라는 의미를 가리키는 단어 reportorial의 사전적 반의어는 '상상력이 풍부한'이라는 뜻의 imaginative다. 이는 기자가 본질적으로 상상력이 결핍된 인간이라는 의미가 아니라 현재 사회가 '기자다운'의 의미를 '상상력이 풍부한'의 반의어로 설정한다는 뜻이다. 즉 당대에 기자의 역할에 대한 사회의 지배적인 요구가 상상력과는 무관한 역할로 규정되어 있는 것이다.

이처럼 인간이 만들어낸 발명품인 언어에는 필연적으로 그 언어를 만들어낸 인간의 가치와 관점 등이 포함된다. 즉 언어는 특정 개인이 살아가는 당대 문화의 반영인 것이다. 따라서 한 사회의 언어에는 그 사회가 사람들에게 요구하는 가치와 규범 등이 전제되어 있다. 인간은 언어를 통해 사회의 지배적 가치를 수용하기도 하고, 언어를 비판·해체·재구성함으로써 사회의 지배질서에 저항하기도 한다.

남성 중심의 질서에 맞게 구성된 사회에서 언어는 성별에 따라 이중적인 기준과 가치를 담게 된다. 즉 언어가 성차별적 구조를 유지하는 핵심 장치가 되는 것이다. 언어 공동체 구성원들은 언어를 통해 여성을 배제하고 주변화하는 의식을 내면화하게 되며 이것은 여성에 대한 사회적 차별을 무의식중에 정당화해준다. 언어 안에서 성역할 관념은 다양한 방식으로 나타나는데, 여성의 역할과 공간을 규정하는 것, 여성이 공적 영역에 참여했을 때는 남성의 영역에 이례적으로 끼워넣어진 존재로 부각하는 것, 공적 영역에 참여한 여성의 가치를 사적 영역에서의 헌신 정도로 파악하는 것 등

이에 대한 예로는 '슈퍼우먼'을 들 수 있다. 여성의 사회 활동이 증가하면서 나온 말인 슈퍼우먼은 집안일과 바깥일을 모두 잘하는 여성을 가리킨다. 이는 여성의 본분은 어디까지나 집안일로, 공적 영역에 참여하려면 여성으로서 자신의 성역할을 뛰어넘는 '초인'이 되어야 한다는 의미를 내포하고 있다. 그런데 이와 비슷한 말인 슈퍼맨은 모든 일에 완벽한 남자를 가리키는 말로 받아들여지지 않는다. 영화 〈슈퍼맨〉이나 〈스파이더맨〉 등의 주인공들은 일상에서는 자신의 역할을 제대로 해내지 못하거나 평범하기 그지없지만 어떤 특출한 능력 하나로 영웅이 되며, 때로는 공적인 영웅으로서의 역할을 위해 사적인 영역(사랑)을 포기하기도 한다.

이 그러하다.

여자가 그것도 못하냐? 이건 여자가 할 일이야.
여자가 뭐 하러 밤늦게 싸돌아다녀?
어딜 재수 없게 여자가 나서!
여자가 집에서 솥뚜껑 운전이나 하지 차는 왜 몰고 나와?

이도연 대표는 남성의 영역으로 분류되는 전문 건설업계에 뛰어들어 여풍(女風)을 몰고 온 열혈 CEO다. '금녀의 구역'이나 다름없던 전문 건설업계에 당당히 출사표를 던져 성공을 거둔 '열혈' 여성 CEO 이도윤 대표는 '한국의 칼리 피오리나'를 떠올리게 한다. (《한국경제》, 2006. 12. 28)

국내 석유화학업계에도 여풍이 거세게 불고 있다. 유화업종은 보수적 성향 탓에 '마지막 금녀(禁女)의 영역'으로 불려왔으나 최근 몇 년 새 여성 인력의 약진이 두드러진다. (《헤럴드 경제》, 2006. 12. 20)

한편 여성의 성공을 보도하는 인터뷰 기사에는 그가 얼마나 어머니와 아내 역할에도 충실한지가 꼬리표처럼 따라붙는다. 여성의 성공은 충실한 가정생활이 인정되었을 때라야 비로소 사회적으로 허용된다. 그러나 공적 영역에서 성공을 거둔 것이 남성일 경우, 지독한 일벌레지만 집에서는 남편이자 아버지로서 자신의 역할을 거뜬히 해낸다는 점이 성공을 정당화해주는 장치가 되지

는 않는다. 성공을 위해 노력하면서 아버지나 남편의 역할을 얼마나 소홀히 했는가에 대한 회한 또한 등장하지 않는다. 남성은 단지 자신의 직위 자체로 설명될 뿐이다. 여성에게 가정, 즉 사적 영역이 일차적 역할이며 공간이라는 전제는 공적 영역인 일과 사적 영역인 아내와 어머니라는 역할이 서로 충돌하게 만든다. 그리고 이러한 충돌은 성공한 여성을 소개하는 언어에 그 여성의 사적 영역의 책임을 결합시킨다. 때로는 여성 스스로 이를 의식해 자신의 사적 역할을 강조하기도 한다.

루아얄(프랑스 사회당 대통령 후보)과 힐러리는 올 한 해 국제 정치 무대에 불어닥친 여풍을 상징한다. 루아얄은 화려한 치마와 목

미국 정치계에서 활발한 활동을 벌이고 있는 힐러리가 학교를 방문해 아이들에게 책을 읽어주고 있다.

걸이를 즐기며 자신의 여성성을 최고 전략으로 활용한다. 힐러리도 최근 자녀양육 관련 책인 '한 마을 전체가 필요하다' 는 저서를 들고 여성이자 엄마라는 점을 강조하면서 이미지 변신을 꾀하고 있다. (《한겨레》, 2006. 12. 20)

또한 여성들의 사회 진출을 전하는 기사들에는 늘 '여풍' 이라는 수식어가 붙는다. 아래의 기사들을 보자.

거센 여풍? 부동산 거래 여성이 주물락
부동산 거래를 중개하는 공인중개사 업계에 여풍이 거세게 불고 있다. 자격증 시험을 거쳐 배출되는 여성 공인중개사 비율이 최근 들어 40퍼센트를 훌쩍 넘어서고 있으며……. (《국민일보》, 2006. 6. 9)

풀뿌리 민주주의 여풍 불까?
2002년 3.9퍼센트 → 2006년 9퍼센트
(《세계일보》, 2006. 5. 20)

그러나 이 기사들을 자세히 살펴보면 여성들의 비율이 40퍼센트를 넘어섰다느니, 전체의 9퍼센트를 차지한다느니 하면서 여전히 반에도 미치지 못하는 여성들의 참여율을 지나치게 과장한다. 이러한 과장 이면에는 남성들이 절대다수를 차지하는 것이 무너지는 데 대한 불안과 공포가 숨겨져 있다. 여성 비율이 40퍼센트를 넘어섰다는 뜻은 여전히 50퍼센트 이상의 남성이 그 자리를 차지하고 있다는 소리다. 그러나 과반수를 차지하는 남성들은 '남풍'이라는 수식어로 표현되지 않는다.

 여자 팔자 '뒤웅박' 팔자?

우리나라 속담에서 여성은 흔히 사물에 비유된다. 그런데 사물은 사물 자신에 대한 권리를 가지지 않는다. 사물에 대한 권리는 사물을 소유한 사람에게 있다. 따라서 여성이 사물에 비유된다는 것은 주체적인 인격이 아닌, 자신에 대한 소유권을 지닌 '주체'의 '소유물'로서 위치를 부여받음을 뜻한다. 다음은 여성이 사물로 비유된 우리나라 속담들이다.

그릇과 여자는 돌리면 깨진다.

가마솥과 마누라는 오래될수록 좋다.

여자와 집은 가꿀 탓이다.

아랫목과 계집은 먼저 차지한 놈이 임자다.

여자 팔자 뒤웅박 팔자다.

달걀과 여자는 구르면 깨어진다.

마누라는 빌려줘도 도장은(자동차는) 안 빌려준다.

가죽신 잘못 사면 한 해 고생이고 아내 잘못 얻으면 평생 고생이다.

여자와 옷은 새것이 좋다.

암탉이 울면 집안이 망한다.

계집과 말은 타봐야 안다.

여자하고 개는 길들이기 나름이다.

여우하고는 살아도 곰하고는 못 산다.

술과 아내는 묵을수록 좋다.

아내와 장은 오래될수록 좋다.

　《페미니스트 프론티어》에 실린 리처드슨Laurel Richardson의 〈영어에서 발견된 젠더 고정관념Gender stereotyping in the English Language〉이라는 글을 보면 영어 단어 가운데 성적으로 문란한 여자를 가리키는 단어는 무려 220개지만 성적으로 문란한 남자를 가리키는 단어는 22개에 지나지 않는다. 예를 들어 fallen이라는 단어는 주어가 남성일 때는 '전사하다', '지위가 하락하다'라는 의미로 쓰이지만 여성이 주어일 때는 '성적으로 타락하다'가 된다. 여성과 남성에게 '하락'의 사회적 기준이 다르게 적용되는 것이다. 이처럼 성적 관계에서 여성의 역할과 남성의 역할을 다르게 규정한 성문화는 성경험을 지칭하는 단어 또한 성별에 따라 다르게 사용하게 한다. 영어 문장에서 여성의 성경험을 나타낼 때는 주로 수동태가 사용되는 반면(to be laid, to be had, to be taken), 남성의 성경험을 나타낼 때는 주로 능동태가 사용된다(lay, take, have). 이는 성적 수동성은 여성의 성역할로, 성적 능동성은 남성의 성역할로 정의하는 문화가 만들어낸 것이다. 이에 따라 남성 방랑자를 가리키는 hobo의 다른 뜻은 그냥 '뜨내기'지만 여성 방랑자를 가리키는 slut의 다른 뜻은 '매춘부'가 된다. 다음 표현에서 의미의 차이를 살펴보자.

It's easy.
He's easy.
She's easy.

위의 문장들은 주어를 제외하고는 동일한 구조와 단어로 이루어졌다. 그러나 세 문장에서 사용된 형용사 easy는 주어의 차이에 따라 다른 의미를 나타내며 그 결과 문장 전체의 의미 또한 달라진다.

첫 번째 문장은 무언가 하기 쉬운 것을 뜻한다. 두 번째 문장처럼 주어가 남성일 때의 easy는 주로 성격이나 사회적 일처리와 관련되어 의미가 해석된다. 이 문장에서 그는 단지 '편하게 점수주는 사람' 혹은 '태평한 남자' 정도다. 그러나 세 번째 문장에 함

영어의 easy와 비슷한 예를 우리말에서 찾아보면 '헤프다'라는 표현이 있다. '그 남자는 헤프다'와 '그 여자는 헤프다'는 동일하게 씀씀이가 헤프다는 의미로 읽히기도 하지만, 여성에게 쓰였을 때는 성적으로 문란하다거나 아무에게나 호감을 표한다(웃음이 헤프다)와 같은 뜻으로 읽힐 때가 많다.

예를 들어 우리는 우리나라 최초의 여성 서양화가인 나혜석의 죽음은 초라한 행려병자의 것으로 바라보지만, 그와 비슷한 죽음을 맞이한 이중섭에 대해서는 위대한 예술가의 비극적 최후로 평가한다.

축된 의미는 성격이나 사회성이 아닌 성적 함의로 읽힌다. '그녀는 쉬운 성교 상대'라는 것이다. 위의 세 문장이 가지는 각각의 의미는 사물과 easy 사이, 남성과 easy 사이, 여성과 easy 사이를 채우는 문화적 의미 체계에 따라 결정된다.

언어는 투명하지 않다. 언어는 있는 그대로의 현실을 담아내는 그릇이 아니라 현실을 특정한 방식으로 보게 하는 창문과 같다. 한 사회의 언어는 그 사회의 가치관이나 해석 체계의 반영이다. 사람들은 언어를 습득함으로써 그 사회의 가치관을 습득하며 그 언어가 가리키는 대로 세상을 이해한다. 앞에서 말했듯이 집을 떠난 여성의 존재는 단순한 방랑자, 자유로운 영혼, 인습에 얽매이지 않는 예술가로 이해받지 못한 채 매춘부라는 정의를 부여받는다. 이때 이 언어는 단순히 집 떠난 여성을 성적으로 타락한 여성이라고 낙인찍는 기능에서 멈추지 않는다. 언어는 많은 여성들을 집, 엄마, 아내, 딸이라는 특정한 시공간에 묶어두면서 여성에게 특정한 성역할 수행을 암묵적으로 강요한다.

법 앞에 불평등한 여성과 남성

법은 투명하거나 중립적이지 않다. 단지 끊임없이 공정하도록 노력하고 고치려는 과정 중에 놓여 있다. 법을 만드는 것은 신의 영역이 아니라 불완전한 인간의 영역이기 때문이다. 법에는 그 법을 만드는 인간이 살아가고 있는 특정한 사회의 지배적 가치와 이념이 투영되어 있다. 법이 개인과 개인, 집단과 개인, 집단과 집단 사이의 관계를 규정하고 조정하는 원칙이라 할 때, 여기에는 법을 만들고 집행하는 개인의 가치관이나 경험, 선입견이 완전하게 배제되기 어려운 것이다. 따라서 법은 그 사회를 구성하는 남녀의 사회·경제·문화적 관계, 나아가 심리적 관계까지를 반영한다. 아래에 나온 규정들은 2003년에 진행된 국가인권위원회의 '차별 관련 법령 실태 조사'에 실린 내용이다. 이를 살펴보면 성역할에 기초한 성별 직무 분리가 어떤 식으로 법에서 작동되는지를 알 수 있다.

경찰 공무원 급여품 및 대여품 규칙
별표1 : 경찰 공무원 급여품 지급 기준표―방한모, 방한화, 방호
       장갑 : 남자 경찰만 있음.
별표2 : 경찰 공무원 대여품 지급 기준표―지휘관표장, 상당수 장
       구류, 전투장구 일체, 안전장구 일체, 대부분의 진압장구,
       호신용 경봉 등은 남자 경찰에게만 지급.

소방 공무원 임용령 제33조 : 소방 공무원의 채용 시험은 계급별
       로 실시한다. 다만 결원 보충을 원활히 하기 위하여 필요
       하다고 인정될 때에는 직무 분야별, 성별, 근무 예정 지역
       또는 근무 예정 기관별로 구분하여 실시할 수 있다.

이처럼 경찰 공무원 급여품 및 대여품 규칙에는 방한장비, 전투장구, 안전장구 등을 남자 경찰에게만 지급하게 되어 있는데 이는 성별에 따른 업무 분리 규정으로 해석할 수 있다. 여자 경찰의 수

가 늘고 그들이 맡은 일의 영역도 확대되는 상황에서 이는 경찰 내부의 성역할을 정당화하는 기제로 작용될 수 있다. 특정 업무에 필요한 장비들을 남성에게만 지급한다는 것은, 표면적으로는 그 일이 남성의 일이라고 명시하지 않았지만 결과적으로 남성만이 담당할 수 있는 일이라는 소리다. 만일 이러한 업무를 선택한 여성이 있다면 장비 없이 업무를 담당해야 한다. 결국 여기에는 그 일은 여성들의 일이 아니라는 전제가 깔려 있다고 볼 수 있다. 이러한 규정은, 그 일의 적합성을 개인의 자질과 특성에 따라 판단하지 않고 처음부터 특정 성별에게만 가능성을 열어둔 것이다.

이는 소방 공무원 임용령에서도 나타난다. 채용 단계에서부터 성별을 구분하는 것은 소방 업무의 남녀 구분을 전제로 한다. 이러한 성별에 따른 업무 분리는 그 업무가 성별의 분리, 즉 특정 성별만이 할 수 있는 일이라는 점이 인정되지 않는 한 기회를 제한하는 차별로 볼 수 있다. 이미 소방 기관 내부의 어떤 업무가 남성의 업무라는 관점이 개입되어 있기 때문이다. 이런 상황은 여성들이 그 업무를 선택하고 싶어도 기회 자체를 박탈당하는 결과로 이어지게 된다.

예를 하나 더 들어보자. 아래는 남녀의 부양 능력을 다르게 정한 규정이다. 이를 살펴보면 남녀의 부양 능력에 대한 편견과 이것이 남녀의 노동 연한, 즉 남녀 정년 차이와 같은 고용 관행으로 이어짐을 알 수 있다.

국민연금법 제63조(유족의 범위) : 유족 연금을 지급받을 수 있는 유족은 가입자 또는 가입자이었던 자의 사망 당시 그에 의하여 생계를 유지하고 있던 다음의 자로 한다. 이 경우 가입자 또는 가입자이었던 자에 의하여 생계를 유지하고 있던 자에 관한 인정 기준은 대통령령으로 정한다.

  1. 배우자. 다만 부의 경우에는 60세 이상이거나 장애등급 2급 이상에 해당하는 자에 한한다.

  광주 민주유공자 예우에 관한 법률 제5조(유족의 범위) : 이 법에 의하여 예우를 받는 광주 민주유공자의 유족 또는 가족의 범위는 다음과 같다

  1. 배우자
  2. 자녀
  3. 부모
  4. 성년 남자인 직계비속이 없는 조부모
  5. 60세 미만의 남자 및 55세 미만의 여자인 직계존속과 성년 남자인 형이 없는 미성년 제매

  우선 국민연금법을 살펴보자. 유족 연금 지급 대상자의 기준에서 가입자가 남편일 때는 아무 조건 없이 배우자를 일순위로 인정하지만, 가입자가 부인일 때는 그 남편은 배우자가 사망하더라도 본인 나이가 60세가 되지 않았다면 연금을 바로 받을 수 없다. 광주 민주유공자 예우에 관한 법률에서도 마찬가지로 성년의 아들이나 손자가 있는 조부모는 유족 범위에 포함되지 못한다. 이는

남성의 실제 부양 능력 유무를 떠나 성인 남성은 곧 생계 부양자라고 전제함으로써 남성 생계 부양자라는 성별화된 고정관념을 강화하고 있다.

　이처럼 법률에 전제된 여성과 남성의 성역할 관념은 현실에서 일어나는 다양한 사건에 대한 법 해석에 영향을 미친다. 여성이 남성에 비해 정적이고 수동적이라는 가정은 가정 폭력 살인사건을 처리하는 데도 그대로 투영된다. 폭력으로 아내를 죽게 한 남편에게는 '고의성'이 없다고 인정해 대부분 과실치사 판정을 내리는 반면, 때리는 남편에게 저항하다가 남편을 죽인 아내에게는 그 행위에 '계획성'과 '고의성'이 강하게 포함되어 있다며 정당방위로 인정하지 않고 살인죄로 복역하게 한다. 이러한 법 해석에는 남성은 원래 우발적, 충동적, 능동적인 성향이 다분하므로 고의성 없이 살인을 저지르지만, 수동적이고 정적인 여성이 살인을 저지르기까지는 치밀한 사전 계획과 고의성이 반드시 포함되어 있다고 바라보는 시각이 깔려 있다.

3. S라인과 王자

내 몸의 주인은 온전하게 나일까

　지금까지 살펴본 성차와 성역할의 문제는 남녀 몸의 차이와 몸을 관리하는 방식을 통해 구체화된다. 오늘날 사람들은 끊임없이 자신의 몸을 두고 고해성사를 하고(다이어트 시작했는데 어젯밤에 참지 못하고 먹어버렸어. 나는 왜 이럴까?) 타인의 몸에 처방을 내린다(저녁 7시 전에 저칼로리로 속을 든든하게 채워야 밤에 폭식을 하지 않아). 건강, 다이어트, 운동 등에 대한 갖가지 프로그램이 텔레비전의 황금시간대를 접수하고 있으며, 방송 카메라는 심지어 개인의 냉장고까지 구석구석 점검하며 식생활과 생활 방식 개선안(?)을 제공한다. 사회의 막강한 지배 이념이 된 '몸' 은 개인의 사생활에까지 침투해 가르침을 전달하는 것이다.

이제 몸의 상태는 곧 나 자신의 상태를 보여준다. 체중은 단순히 몸무게를 나타내는 숫자가 아닌 나 자신의 능력을 보여주는 상징이 되었다. '몸매가 착하다', '몸매가 바람직하다' 등 몸에 대한 새로운 언어는 몸이 몸 자체에 국한되지 않고 다른 것들을 설명하거나 증명하고 동원할 수 있게 되었음을 보여준다. 물론 몸에 대한 열풍이 여성에게만 해당되는 것은 아니다. 남성들도 몸매 만들기에 관심이 많다. 그런데 여기서 중요한 것은 여성의 몸에 기대되는 것과 남성의 몸에 기대되는 것이 다르다는 사실이다. 그것은 단지 우연일까? 여성들은 갈수록 가늘어지기를 원하지만 남성들은 탄탄하고 강한 몸을 원한다. 남성이 근육 운동으로 근육을 만들고 키우는 동안 여성은 다리의 근육을 제거하는 근육퇴축 수술을 받는다. 이런 현상은 남녀의 몸에 대한 사회적 요구의 결과로, 얇은 몸을 가진 여성이라는 사회적 요구는 여성들이 자신을 인식하는 방식을 바꾸어놓았다.

다음 그림은 마른 여성이 거울에 비친 자신의 모습을 뚱뚱하게 여기는 '신체 이미지 왜곡 증후군' 을 보여준다. 마른 몸을 이상적

인 여성의 몸으로 결정한 사회에서 많은 여성들은 자신의 몸을 왜곡하여 인식한다. 이때 여성들이 자신의 몸을 바라보는 시선은 자신의 것이 아니다. 그것은 뚱뚱한 여성의 몸을 공포의 대상으로 바라보는 사회의 집합적인 시선이다.

많은 여성이 음식을 앞에 두고 먹을까 말까 고민하고, 식욕을 조절하지 못하는 자신을 보며 절망감에 빠진다. 매일 체중계에 올라가 체중을 확인하며 낮에 먹은 케이크 한 조각 때문에 몇 시간을 운동하고, 과체중인 여성을 보며 저렇게 되지 말아야지 다짐한다. 그런 여성의 몸은 누구의 것일까? 거울로 자신을 바라보는 시선은 온전히 자신의 것일까? 몸무게를 조절하려는 욕망은 전적으로 나 자신의 의지에서 나온, 자연발생적인 것인가?

여성 독자들은 지금부터 각자 자신의 외모를 묘사해보자. 날씬하다/뚱뚱하다, 키가 크다/작다, 허리가 가늘다/굵다, 다리가 짧다/길다……. 아마 이런 표현들을 많이 떠올렸을 것이다. 이처럼 사람들은 외모를 묘사할 때 주로 굵다, 짧다, 가늘다, 두껍다, 많다, 적다, 넓다, 좁다 등의 형용사를 사용한다. 그런데 이 형용사들은 대부분 다른 것과의 비교를 통해서만 그 의미를 획득하는 상대적인 표현들이다. 따라서 자신이 말랐다거나 뚱뚱하다고 느끼는 사람, 못생겼다거나 예쁘다고 생각하는 사람, 키가 크거나 작다고 느끼는 사람 모두는 암암리에 어떤 기준과의 관계 속에서 자신을 인식하고 있다. 의미는 단독으로 만들어지는 것이 아니라 관계 속의 차이를 통해 만들어진다. 자신이 생각하는 좋은 체형의 기준이 지금보다 상대적으로 두꺼웠다면 여성들은 자신의 몸과 그 기준 사이에서 그다지 큰 차이를 느끼지 않을 것이다. 기준과 비교해서 자신의 몸이 뚱뚱하다고 여기지 않기 때문이다.

따라서 사람들이 자신의 외모를 인식하는 기준은 자신의 것이 아니라 이 사회가 외모에 대해 가지고 있는 기준이라 할 수 있다. 물론 그 기준은 시대에 따라 변해왔다. 옛날에는 백설공주나 신데렐라였지만 지금은 김태희나 이효리며, 옛날에는 백마를 탄 왕자였지만 지금은 이준기나 조인성으로 바뀌었다. 물론 외모를 평하는 것 자체는 문제되지 않는다. 모든 사람은 각자 취향이 있으며, 외모에 대해서도 특정한 취향을 가질 수 있다. 다만 문제가 되는 것은 외모주의다. 외모주의는 사회적으로 인정받는 외모의 기준이 하나임을 뜻한다. 1이 기준인 사회에서 2, 3, 4는 그 자체가 아

어떤 것이 '~주의'가 된다는 것은 그것을 둘러싼 가치 체계가 사람들 사이에서 신념이 된다는 뜻이다. 오늘날 외모는 단순한 모양이나 형태, 외관을 넘어 많은 의미와 가치가 덧붙여진 개념이다. 이러한 의미와 가치는 사람들 사이에서 일종의 신념처럼 떠받들어지는데, 그런 연유로 외모는 일종의 '외모주의'를 형성하게 되었다.

니라 1이 아닌 것, 1보다 나은 것, 1보다 모자란 것으로 인식된다. 외모주의에 젖은 사람들은 자신을 그 자체로 인식하지 못한다. 무의식 속에 저장된 사회적 기준과의 비교 속에서만 자신을 인식하는 것이다.

자본주의 사회에서 이러한 외모주의는 소비문화와 적절하게 결합된다. 소비와 소비문화는 구별해야 하는데, 휴지와 립스틱을 비교해보면 그 차이를 잘 알 수 있다. 여성들 대부분은 다 쓰지 않은 립스틱이 여러 개 있어도 새로운 립스틱이 나오면 또 구입한다. 하지만 휴지라면 이야기가 다르다. 휴지가 아직 많이 남아 있는데 새로운 휴지가 나왔다고 또 사지는 않는다. 즉 필요한 것을 구매하는 소비와 기호를 소비하는 소비문화는 다르다. 이러한 소비문화 속에서 자본주의가 자신을 유지하는 방법은 자신의 생산력을 확대하고 재생산하는 것이다. 쉽게 말해 자본주의는 자신이 생산한 것이 끊임없이 소비되어야만 살아남을 수 있다. 그러기 위해 가장 중요한 일은 사람들이 새로운 상품을 계속 구매하도록 욕망을 부추기는 것이다. 따라서 자본주의가 일차적으로 생산하는 것은 상품이 아니라 사람들의 '새로운 욕망', '새로운 기호'다. 그 결과 사람들이 새로운 상품을 구매할 준비가 되면 자본주의는 자신이 만들어낸 상품을 펼쳐놓기만 하면 된다.

만약 새로운 욕망을 창출해내지 못하면 자본이 사람들을 상대로 장사를 벌일 토대는 사라진다. 그리고 지금 후기 자본주의가 자신의 생산력 증대를 위해 선택한 새로운 '욕망'의 영역은 바로 '몸'이다. 몸은 소비를 위한 거점이 되었다. 전에 없던 몸 관련 상품들이 쏟아져 나오기 시작했다. 헬스클럽에서나 볼 수 있던 운동 기구가 각 가정에 들어서기 시작했고 요가나 명상 등을 가르치는 강습소가 우후죽순처럼 생겨났다. 홈쇼핑에서는 몸매를 날씬하게 만들어준다는 각종 식품 보조제들이 경쟁하고 있으며, 젊은이들이 모여드는 거리에는 내과, 소아과, 외과 등이 있던 자리를 성형 외과가 채우고 있다. 이것은 사람들의 '돈'이 몸으로 몰리기 시작했다는 증거이자 몸이 새로운 소비의 거점으로 자본에 의해 선택되었다는 증거이기도 하다. 사람들은 소비를 통해 몸을 만들고 그렇게 만들어진 몸은 곧 자아가 된다. 즉 신체적 자아, 소비적 몸의 시대가 된 것이다. 내가 알고 느끼고 경험하는 '나'는 이러한 사회·문화적 맥락 속에 놓여 있다.

몸만들기 열풍, 도대체 언제까지?

앞에서 살펴보았듯 몸에는 그 몸이 있는 사회의 문화적 의미가 연결되어 있다. 이런 맥락에서 인류학자들은 몸이 성별, 인종, 계급, 국적, 민족에 따라 어떻게 다르게 구성되었는지를 관찰해왔다. 그들은 각기 다른 문화권마다 몸에 대한 규범, 외형, 태도, 습관 등이 다르다는 것을 밝혀내고, 몸에 관련된 인간의 사고와 실천에는 그 문화가 반영되어 있음을 보여주었다.

영국의 신구조주의 학파 인류학자인 더글러스Marry Douglas는 인간의 몸에 관련된 모든 특성들, 예를 들어 몸의 형태와 습관, 태도 등에는 그 몸이 자리한 문화가 반영되어 있다고 보았다. 즉 몸은 단순히 피와 뼈와 살로 형성된 물적 상태가 아니라 문화의

위계질서가 새겨진 표면이라는 것이다. 지하철에서 다리를 벌리고 앉는 남성과 다리를 오므리고 앉는 여성은 여성과 남성의 몸이 취하는 태도에 있어 성별화된 다른 기준을 실천하고 있는 문화의 표시다. 남성에게는 영역을 가능한 한 넓게 점유하는 것이 남성다움으로, 여성에게는 가능한 자신의 몸이 움직이는 영역을 줄이는 것이 여성다움으로 요구되는 것이다. 남성은 근육을 키우고 여성은 살을 빼고 근육을 줄이는 것, 중국에서 여성의 발이 크게 자라지 못하게 전족을 신긴 것도 이와 같은 맥락이다.

한편 프랑스 철학자 푸코Michel Foucault는 근대와 전근대의 통치 양식이 어떻게 변해왔는가를 보여주기 위해 성(性)의 역사를 이야기한다. 갑자기 늘어난 인구를 통치하기 위해 지배집단은 이전까지의 '직접 통치' 대신 '간접 통치'를 택했다. 간접 통치란 개인을 직접적으로 감시, 통제, 처벌하는 것이 아니라 개인 스스로 지배집단의 질서에 맞춰 자신의 일상을 감시, 처벌, 훈육하게 하는 방식이다. 푸코는 이를 '훈육 권력' 개념으로 설명했는데, 훈육 권력이 작동하는 중요한 영역으로 선택된 것은 개인의 몸이었다. 이를 단적으로 설명하자면, 초기 근대에는 공장이 사람들의 몸을 감금했다면 자본주의가 발달한 후기 근대에 사람들의 몸은 앞서 이야기한 대로 이미지에 감금된 것이다.

현대인은 자신이 원하는 이미지를 의식에 저장하고는 그것을 위한 갖가지 규칙을 지키려 노력한다. 그러다가 규칙을 잠시 위반하면 가차 없이 자신이 만든 감옥에 자신을 가두고 스스로 간수가 된다. 즉 자신이 정한 적정 몸무게를 초과하면 가혹한 비판과 함께 밥을 먹지 않고 운동을 하는 식이다. 1인 1감옥 시대, 이처럼 현대인의 몸은 이미지의 감옥이 지켜보는 요주의 '대상'이다.

이러한 상황에서 거식증과 폭식증 같은 신경성 식욕장애는 몸을 둘러싼 이미지의 감옥에 갇힌 사회의 최종 정착지인 셈이다. 쉽게 말해 거식증이라는 질병을 앓는 것은 개인이 아닌 사회다. 개인의 몸은 질병을 앓는 문화의 부담을 떠안고 있을 뿐이다.

여기서 거식증, 폭식증, 다이어트와 같은 몸의 실천의 문제에 대해 다음과 같은 질문을 던져보자. 그것은 어떠한 문화적 규범 안에서 일어나고 있을까? 사람들은 어떠한 보상과 처벌 안에서 자신의 몸에 대한 감시와 통제의 실천에 참여하는 것일까? 여성들의 체중 조절은 혹시 여성의 가는 몸을 이상적인 규범으로 정하

학자들에 따라 초기 근대와 후기 근대를 구분하는 기준이 다르지만 주로 자본의 축적 방식 변화에서 큰 분기점이 형성된 것을 따른다. 초기 근대는 제조업 중심, 대량 생산, 대량 소비가 특징이지만 후기로 와서는 이러한 대량 생산 체계의 경직성을 버리고 유연한 생산 체계를 택한다. 즉 후기 근대는 다품종 소량 생산이 특징이며, 사람들의 다양한 기호와 욕망에 최대한 손쉽게 반응할 수 있는 체제로 바뀌어갔다. 초기 근대는 사람들의 노동력에 생산을 의존했기 때문에 이 시기 노동자들은 하루의 3분의 2에 해당하는 시간을 공장 노동으로 보내야 했다. 사회학자들은 이를 두고 '공장에 감금된 몸'으로 표현하기도 한다.

거식증은 살찔 것에 대한 강박 때문에 음식 먹기를 거부하거나 두려워하는 신경성 식욕 부진증으로 20세기 들어 광범위하게 퍼진 '문화적 질병'이다. 거식증은 대부분 폭식증을 동반하는데, 한동안 음식을 거부한 사람은 폭식을 통해 그간 참았던 식욕을 한꺼번에 해소한다.

고 그에 따른 보상 체계(타인의 인정, 연애 관계, 취업, 결혼 등)를 마련해둔 젠더 권력 관계에 대한 문화적 실천이 아닐까. 거식증과 폭식증을 앓는 여성들의 몸은 그러한 권력의 존재를 구체적인 몸을 통해 정확하게 드러내준다. 푸코가 지적했듯이 권력 관계는 몸을 장악함으로써 자신이 사람들의 몸을 통해 가시화되게 한다. 사람들이 몸에 투자하고 몸을 훈련하고 임무를 수행하는 것이 바로 그 과정이다.

신경성 거식증이 유행병이 된 것은 최근 100년 사이의 일이며, 환자의 약 90퍼센트는 여성이다. 다이어트 상품의 구매자들 또한 대부분 여성들이다. 체중을 줄이기 위해 창자의 일부를 제거하는 수술을 하는 사람 역시 80퍼센트가 여성이라고 한다. 남성들도 다이어트와 몸매 만들기에 열심이지만 그런 남성들은 모델 같은 특정 직업과 관련되어 체중 조절을 해야 하는 경우가 많다. 그런데 남성들이 만들고자 하는 몸은 가느다란 몸이 아니라 탄탄하고 힘 있는 몸이다. 탄탄하고 힘 있는 몸과 가는 몸이 낼 수 있는 에너지가 과연 같을까? 한국여성단체협의회가 2006년 4월에 미혼 여성 500명을 대상으로 조사한 바에 따르면 조사 대상 여성의 81.8퍼센트가 자신의 체중에 불만을 품고 있었으며, 그 가운데 정상 체중임에도 다이어트를 한 적 있는 여성은 77.8퍼센트에 달했다. 이는 실제 비만도와 관계없는 다이어트 강박을 보여준다. 실제로 대부분의 여성은 자신이 뚱뚱하다고 생각하며 많은 시간과 노력을 기울여 체중 조절에 힘쓰고 있다. 이처럼 자신의 몸을 실제와 다르게 인식하는 것을 의학적으로 신체 크기 왜곡 증후군BIDS (body image distorted syndrome)이라 하는데, 이는 여성의 이상적인 몸을 특정한 방식으로 규정한 문화가 구성해낸 여성들의 젠더화된 시선을 보여준다.

여성들이 어떻게 사회가 요구하는 몸을 재생산하는지를 연구한 수전 보르도Susan Bordo는 체중 조절에 대한 여성의 욕구는 여성의 욕망을 통제하는 문화가 만들어낸 것이라고 주장한다. 역사적으로 여성이 욕망의 주체가 되면 반드시 사회적 처벌이 뒤따랐다. 성적 욕망이 강한 여성들은 늘 처벌과 교정의 대상이었고 19세기에는 여성의 섹슈얼리티에 대한 강력한 의학적 통제마저 존재했다. 여성의 지나친 성적 흥분과 자위를 치료하겠다며 자궁에 거머리를 집어넣거나 음핵을 절제하고 난소를 제거하는 등의 의학적 행위가 이루어졌던 것이다. 여성들이 인간으로서의 권리를 요구하기 시작한 19세기 후반에는 문학이나 미술에서 어둡고 위험하고 악마적인 여성의 이미지들이 쏟아져 나왔다. 여성들을 제대로 숨쉬지도 몸을 구부리지도 그리고 한 번에 15센티 이상 걸음을 내딛지도 못하게 만들었던 코르셋은 '잘 훈련된 정신과 잘 통제된 감정의 모니터'라고 광고되었다. 다이어트 또한 오늘날 사회가 여성의 욕망을 관리, 통제, 처벌하기 위한 장치라 할 수 있다.

아래는 외국의 한 다이어트 식품 광고 문구이다. 체중 조절이 곧 자기 관리의 척도임을 나타내주는 이 광고는 체중 조절의 실패가 단순히 몸무게 관리의 실패가 아니라 총체적인 자기 관리의 실패임을 주장한다.

이와 같은 사회적 강박증은 영화에도 종종 반영된다. 공포 영화의 거장으로 알려진 앨프리드 히치콕의 영화에는 잔혹하게 살해당하는 여성들이 많이 등장한다. 이 여성들은 영화 안에서 남성에게 적극적으로 자신의 성적 욕망을 드러내고 실천한다. 이 여성들에 대한 처벌은 여성의 성욕을 바라보는 사회적 시선을 대변한다고 할 수 있다.

당시 가족 안에서 딸, 아내, 어머니로서의 역할을 벗어난 여성은 타락한 여성으로 그려졌다. 그것은 여성이 가족 안에서 한 남성과 이룬 관계를 벗어났을 때 사회가 그 여성의 성을 바라보는 시선인 셈이다.

나는 내가 될 수 있는 최선의 존재가 될 수 있다고 믿는다.
나는 모든 칼로리를 경계해야 한다고 믿는다……

—크리스털 라이트 TV 광고

코르셋을 착용 중인 여성

광고를 비롯한 각종 매체는 여성의 몸이 곧 그 여성의 지위이며 사회적 신분임을 주장한다. 현재 여성들의 가치는 대부분 몸으로 환원된다. 심지어 여성의 외모는 업무 수행의 자격요건을 제치고 취업의 가장 중요한 조건이 되기도 한다. 체형 관리 전문 업체에서 강조하는 before와 after의 차이는 단순한 인치inch의 차이만을 의미하지 않는다. 사람들의 태도가 달라지고 할 수 있는 일이 달라지는 등 몸의 변화는 사회 속에서 그 사람의 생활 자체를 바꾸어놓는다. 다른 몸이 되었을 때 이전과 달라진 그 '차이'는 다르게 교환될 수 있는 '가치'를 뜻하는 것이다. 이러한 여성들의 '몸만들기'의 문화적 맥락은 성별에 따른 권력 관계로 이해될 수 있다. 이는 고대 철학의 이원론에서 유래하는데, 플라톤Platon에서 아리스토텔레스Aristoteles를 거쳐 데카르트에 의해 형이상학으로 다져진 이원론은 인간 존재를 물질적인 몸과 정신적인 영혼으로 나눈다. 몸과 정신은 위계화된 이분법 안에서 사고되며 이때 몸은 여성을, 정신은 남성을 상징하는 것으로 여겨졌다.

여성의 몸에 대한 통제의 역사는 다양하고 길다. 여성의 몸에 대한 사회의 기준은 갈수록 가늘고 얇아진다. 이것은 외적인 데만 국한되는 효과로 끝나지 않는다. 몸이 얇아지면 몸이 낼 수 있는

몸은 전통적으로 부정적인 은유와 연결된다. 몸은 통상적으로 제한, 한계로 경험되는데 플라톤, 데카르트, 아우구스티누스는 몸의 이미지들을 감옥, 늪, 새장, 안개로 표현했고 영혼, 의지, 정신은 거기서 도망치려고 애쓰는 것으로 보았다. 따라서 몸은 극복되어야 하는 적이며 이성의 방해물이다. 이원론 안에서 몸은 싸워서 이겨야 하는 것 정신에 복종해야 하는 것이 된다.

에너지가 줄어든다. 결과적으로 두꺼워지는 남성의 몸과 얇아지는 여성의 몸은 이 사회가 여성과 남성의 경쟁력을 몸의 차원에서 체계적으로 차별화하고 있다는 의미다.

예술 작품에서도 남성의 몸과 여성의 몸은 다른 맥락으로 재현된다. 20세기 회화의 거장 마티스Henri Matisse의 〈삶의 기쁨Vivre de Joi〉은 이상향의 자연 속에서 나체로 자유롭게 삶의 기쁨을 만끽하는 사람들을 묘사한 그림이다. 그런데 이 이상향의 자연에 남성의 나체는 등장하지 않는다. 나체로 등장하는 인물 가운데 성별을 정확히 알 수 있는 인간들은 모두 여성이다. 이처럼 남성 화가나 사진작가의 작품에는 남성들의 나체가 '자연' 속에 '자연스럽게' 등장하는 일이 거의 없었다. 간혹 있다 해도 그들은 늘 정확한 사회적 정체성을 지니고 있거나 무언가를 하고 있다. 아무것도 하지 않는

먹을 것이 풍부하지 않던 시기에 상류층은 하층 계급과 자신들을 구별하기 위해 풍만한 여성의 몸을 미의 기준으로 내세웠다. 그러다가 점점 병약하고 약한 여성이 선호되기 시작했고, 먹을거리가 넘쳐나는 오늘날에는 식욕이라는 욕망을 최대한 억제당한 마른 여성의 몸이 이상적인 기준으로 등장하고 있다.

〈닭싸움〉(장 레온 제롬, 1842)

나체의 남성은 대부분 자의식에 시달리는 듯한 불편한 모양새로 등장한다. 이처럼 남성이 옷을 벗을 때는 '은유적 의복'이라는 '고뇌'가 덧씌워진다. 여성의 나체는 '자연'이지만 남성의 나체는 구체적인 역사적 시간과 장소를 부여받는 '문화'인 것이다.

몸은 문화의 텍스트이자 사회적 통제가 직접적으로 실천되는 장이다. 즉 몸은 자연적인 몸이 아닌 문화의 규제를 받는 몸이다. 푸코는 우리의 몸이 시간과 공간, 일상생활의 규제와 조직에 의해 훈련되고 형성되며, 그 과정에서 여성성, 남성성, 욕망, 자아에 대한 역사적 형식들이 몸에 새겨진다고 설명한다. 여러 현상들이 보여주듯 여성들은 이전보다 점점 더 많은 시간을 몸의 관리와 훈육에 들이고 있다. 갖가지 몸 가꾸기로 고달픈 여성들의 몸은 성별 각본이 행사되는 현장이자 성별화된 문화가 기입된 표면이다. 현 시대의 외모 강박증은 지금까지 여성주의가 만들어온 진보적 노력에 반동적으로 작용해 시계를 거꾸로 돌리려는 문화적 장치로 볼 수 있다. 여성들은 남성과의 관계에서 시선을 끌 수 있는 몸을 갖는 데 상대적으로 더 많은 노력을 기울인다.

거식증과 폭식증 같은 신경증, 광장공포증 등 여성의 몸을 둘러싼 증상들은 특정 시대가 구성한 여성성의 산물이다. 그 증상들을 앓는 여성의 몸에는 그 시대를 구성한 여성성의 이데올로기가 깊게 새겨져 있다. 역사적으로 히스테리와 거식증이 절정에 이른 것은 전통적인 여성의 역할이 달라지려는 조짐을 보일 때였다. 즉 전통적인 성역할이 깨지려는 것에 대한 문화적 공포가 투영된 것이다. 날씬한 몸이라는 이데올로기에 맞춰진 강박증적인 몸만들기는 여성의 가능성을 제한하는 사회 질서를 위한 것이다. 이 사회는 여성이 인정받고 성공하는 주된 통로로서 남성에게와는 달리 외모라는 길을 열어놓았다. 그렇게 성별화된 사회에서 여성성을 추구하는 것은 한편으로는 인정(人情)이지만 다른 한편으로는 열등한 지위에 대한 확인이다. 사회가 규정한 이상적인 몸에 맞추어 자신을 감시하고 훈육하는 사이 여성들의 몸은 그 어느 때보다 지배 권력에 유순한 몸으로 길들여진다.

사람들이 밀집한 거리나 공공장소에 나가면 심한 공포감에 휩싸이며 어쩔 줄 몰라 하는 증상으로 현재도 여성에서 더 많이 나타나지만 근대에는 그 정도가 훨씬 심했다. 특히 전쟁이 끝난 직후 여성들 사이에 광범위하게 퍼졌는데, 여기에는 일터에서 가정으로 여성들을 되돌리려는 사회적 무의식이 개입되어 있었다. 가족을 위해 살아간다는 성역할에 길든 여성들은 남성들이 자리를 비운 사이 생계유지를 위해 사회로 나섰으나, 그들이 돌아오자 가정 바깥으로 나가기를 거부하게 된 것이다.

공주님들은 정말 오래오래 행복하게 살았을까

심리학자 호너Matina Honer가 1969년에 행한 실험을 살펴보자. 호너는 여자 대학생 90명과 남자 대학생 88명에게 문장 하나를 제시하고 그것을 바탕으로 이야기를 꾸며보라고 했다. 여자 대학생에게 준 문장은 이랬다. "앤은 학기말 시험 후 의대에서 자기가 1등인 것을 알았다." 남자 대학생들에게도 똑같은 문장을 주되 '앤'을 남자 이름인 존으로 바꾸었다. 남학생 대부분은 존의 성공을 당연하게 받아들였고 그의 미래가 밝으리라 예견했다. 그러나 여학생들은 앤의 성공에 우려를 나타내며, 앤이 학문적 성공 때문에 사회적으로 외톨이가 되어 결혼도 하지 못하고 외롭게 늙어갈 것이라고 예언했다.

이렇듯 한 사회가 가진 성역할 체계는 단순히 여성과 남성의 특징을 나타내는 것이 아니다. 이는 여성과 남성에게 적합하리라고 기대되는 것들의 특징이며 따라서 성역할 체계는 그에 따른 적절한 보상과 처벌을 가진다. 대부분의 여성과 남성 들은 사회가 마련해놓은 성역할 각본의 보상과 처벌 체계를 인지하고 있다. 여성들은 성공을 두려워하는 것이 아니라 전통적인 성역할에서 일탈했을 때 돌아올 처벌을 두려워한다. 그런 상징적이고 실제적인 처벌에 대한 두려움은 여성들이 성역할 체계에 적극적으로 참여하게 만든다. 물론 남성들도 성공에 따르는 경쟁에 갈등과 두려움을 느끼지만 어떤 남성도 자신의 직업과 경력 추구를 자신의 성별과 연관해 적합하다거나 부적합하다고 느끼지 않는다. 이 실험은 사회적 지위와 성차에 대한 생물학적 설명을, 사회적 성역할 각본의 보상 체계에 대한 설명으로 이동시킨 것이다.

이러한 성역할 각본의 보상 체계는 여성과 남성이 경험하는 감정의 영역에도 개입된다. 감정의 성역할에 대해 생각해보자. 슬픔→우울→울음 등을 여성의 당연한 심리 단계로 여기는 사회에서 여성의 우울은 '여성다운 자기표현'이다. 남성의 '분노'가 '남성성의 발현'으로 용인되는 것도 바로 이 감정의 성역할 문화 안에서다. 가끔 이 '분노남'들의 기사가 신문 지면을 장식하기도 한다. 변심한 옛 애인을 죽이거나, 이혼을 요구하는 아내와 처가 식구들에게 폭력을 가하는 남자들. 이는 '분노 권하는 사회'가 만들어낸 전형적인 남성 캐릭터들이다. 우울해하거나 우는 여성은 가여워하고 보호해주지만 지나치게 분노하는 여성은 입원 치료가 필요하다고 보는 사회에서 여성들은 분노 대신 우울을 선택한다. 상대에게 향해야 할 분노 대신 그 자리를 자기혐오로 채우는 것이다.

수술을 받고 마취에서 깨어나기를 기다리는 병원 회복실에서는 진풍경이 자주 연출된다. 의식과 무의식 상태를 넘나드는 여자 환자를 돌보는 보호자들은 평상시 들은 적 없던 악다구니에 깜짝 놀란다. 이는 역으로 의식 세계에서 여자들이 얼마나 분노에 억눌려왔는가에 대한 증거가 아닐까. 분노하는 여성에 대한 문화적 채찍질 속에서 여성들의 분노는 상대에게 미처 닿지 못한 채 자기 파괴적인 우울로 돌아온다. 남성들에게는 분노 과잉을, 여성들에게는 분노 억압과 우울을 권하는 감정의 성별 분업 속에서 여성과 남성 모두 건강한 분노를 터뜨릴 권리를 빼앗기고 있는 셈이다.

동화 또한 아이들에게 성역할과 사회적 보상 체계의 연관성을 학습시키는 주요한 기능을 담당해왔다. 동화를 통해 아이들은 세상의 규칙을 접한다. 동화 속에 등장하는 여자 주인공들은 한결같이 아름답고 가냘픈 외모에, 늘 참거나 희생만 하면서 남자에 의해 구제받는 나약하고 의존적인 존재로 그려진다. 이때 동화 속 여주

인공의 외모, 수동성, 의존성은 남성과의 관계에서 교환가치를 낳는 자원이다. 권력 있는 남자들에게 선택된 여자 주인공의 이야기들은 하나같이 '행복하게 오래오래 살았습니다'로 끝이 난다.

그러나 자기 스스로 노력한 적 없이 남성에게 선택된다는 것은, 자신을 선택하고 자신에게 대가를 주는 남성이 자신에게 가장 많은 권력을 휘두를 수 있다는 의미도 된다. 이러한 관계 속에서 여성들의 삶을 좌지우지하는 것은 여성 자신의 의지, 선택, 행동이 아닌 남성의 의지와 선택이다. 여성들의 행복과 불행은 자신의 선택과 노력의 문제가 아닌 남성들이 내려주는 처분의 문제로 넘어간다. 결국 이는 여성들이 삶에 대한 최종 결정권자이자 가장 많은 힘을 행사하는 주체의 자리를 박탈당했음을 의미한다.

성별이 문화를 구성하는 원리로 작동하면서 사회적으로 불평등한 권력 관계를 정당화하는 것은 '차이'를 '위계화된 차별'로 바꾸어내는 논리에 따른 것이다. 사회적으로 존재하는 다양한 차별, 즉 성별, 인종, 국적, 장애, 성적 취향, 나이, 외모 등에 따른 차별은 차이를 동등한 다름이 아닌 우월/열등, 정상/비정상의 위계화된 이분법의 틀에 놓는다. 남성은 여성에 비해, 백인은 흑인(유색인종)에 비해, 비장애인은 장애인에 비해, 이성애자는 동성애자에 비해 정상성과 상대적 우월성을 부여받는다. 사회를 이루는 다양한 측면인 법, 언어, 대중문화, 사회적 실천, 노동 시장, 학문 등은 차이를 차별로 전환하는 논리를 중심축으로 한다. 이 논리 속에서 성별은 단순한 '구별'을 떠나 불평등한 권력 관계를 정상화하는 신념 체계인 '성별주의'로 연결된다. 따라서 성별주의에 대한 대안 모색은 단순히 여성과 남성 간의 불평등한 권력 관계에만 관심을 기울여서는 불가능하다. 그보다는 이 사회에 존재하는 '차이'를 '위계'로 만들어내는 논리에 대한 근본적인 성찰과 해체가 필요하다.

여성의 시각으로 보기

삼순이와 욘사마

오랫동안 강하다는 찬사는, 여성의 경우 기껏해야 어머니일 경우에나 해당되었다. 여자는 약해야 했고 어머니는 강해야 했다. 그도 그럴 것이 어머니는 쉴 새 없이 몸을 움직여 쓸고 닦고 밥하고 설거지하고, 혹시라도 아이가 아프면 들쳐 업고 병원으로 뛰어야 했으며, 직장까지 다니거나 틈틈이 부업이라도 해야 했다. 그러나 시대가 변하면서 여성상도 남성상도 진화를 거듭해왔다. 드라마〈다모〉의 채옥이는 바느질하고 그네나 타던, 혹은 자신을 위협하는 상대를 찌르는 대신 자신을 찌를 줄만 알았던 조선시대 여성상을 깨고 남자들과 똑같이 하늘을 날고 칼을 썼다. 새로운 여성상 채옥이는 수많은 폐인들의 사랑을 받았다. 이는 여성도 남성도 새로운 여성상에 목말랐음을 보여준 사건이었다.

전통적으로 여자는 약해야 했기에 여자 곁에는 늘 지켜주는 남자가 있었다. 계모에게 쫓겨난 백설공주 곁에는 일곱 난쟁이가 있었고, 역시 계모와 언니들에게 구박받던 콩쥐에게는 두꺼비가 있었다. 백설공주와 콩쥐는 공통점이 많다. 하얀 얼굴에 가는 몸, 혹은 작은 발, 틈만 나면 열심히 울기. 그녀들이 울면 어디선가 반드시 해결사 남자들이 등장했다. 이처럼 동화 속에서 여자들은 문제를 해결하기 위해 힘을 키우거나 합리적인 사고방식을 배우는 대신 울어야 했다. 울거나 아픈 여자는 보호해주지만 스스로 자신을 지켜내려는 강한 여자는 '마녀' 취급을 받거나 버림을 받았다. 동화 속에서 스스로 삶을 개척하려는 여성들이 주로 '추한 노파'나 '계모'로 등장한 것은 우연이 아니다. 센 여자는 팔자가 사납다며 여자의 강함을 틀어막았던 문화는 여자들에게 스스로를 지키는 법 대신 자신을 지켜줄 사람에게 보호본능을 이끌어내는 기술을 가르쳤다. 화를 내거나 싸워야 하는 순간, 여자들은 늘 울거나 아프기만 했다. 그러나 '너를 지켜줄게'라는 남자의 말 뒤에는 '그러니 내 말 잘 들어'라는 말이 생략되어 있다.

당연히 여자의 약함을 강조하는 문화는 남자의 강함을 강조했다. 울고 싶어도 기대고 싶어도 남자들은 그 많은 여자들을 보호하느라 바빠 울 시간이 없었다. 하지만 시대가 바뀌면서 남자들 또한 강한 남자에 지치고 지쳐, 이제 다채로운 감정의 영역을 헤엄치고 싶은 욕망을 내비치기 시작했다. 일본 여자들이 욘사마에 열광한 것은 단순히 잘생긴 얼굴과 매너 때문일까? 공적 영역에서 치열한 경쟁에 시달리느라, 또는 강해야 한다는 강박관념 때문에 사적 영역인 '감정의 영역'으로 들어올 줄 모르는 남성들에게 지친 여성들에게 욘사마는 감정을 소통할 수 있는 새로운 남성상이었다. 욘사마는 자신이 사랑하는 여성과 소통하기 위해 울고 웃으며 여성의 영역으로 치부되던 감정의 영역으로 기꺼이 들어왔다. 욘사마는 약한 남성이 아닌 소통할 줄 아는 남성이다.

마찬가지로 "이게 손이냐, 족발이냐? 넌 정말 내 타입 아니야"라는 싸가지 없는 말을 날린 삼식이 앞에서 삼순이는 울지 않고 또박또박 이야기한다. "너도 내 타입 아니거든? 넌 솔직하지 못하니까. 잘 가라." 몸이 크다고 주먹을 휘두른다고 강한 것은 아니다. 보호받기 위해 나에 대한 통제권과 최종 결정권을 상대방에게 다 넘겨버린 여성상을 깨버린 삼순이. 오늘날 수많은 삼순이들은 상대방과 동등하고 대등한 눈높이에 서기 시작했다. 그녀들은 건강한 몸과 전문적인 직업정신, 내 삶을 지키고 나를 보호하는 것은 궁극적으로 나 자신이라는 새로운 '강함'의 의미를 사전에 기입했다. 따라서 강하다의 반의어는 약하다가 아니다. 강하다의 반의어는 '비주체적이다'이다.

청소하는 어머니와
일터에 나간 아버지

깐깐한 엄마라면 '이오'가 딱이다! 엄마의 자존심 이오, 이오.
(이오 야쿠르트 광고)

아이들은 엄마의 사랑을 먹고 삽니다. 엄마의 마음 그대로. (에이
스 야쿠르트 광고)

아이들의 먹을거리 광고에 가장 많이 등장하는 문구는 '엄마
(어머니)'다. 여기에는 아이의 건강은 어머니 책임, 아이의 성장
은 어머니의 몫이라는 전제가 깔려 있다. 가정을 잘 꾸려나가는
어머니, 귀여운 자녀들, 가족을 위해 돈을 벌어오는 든든한 남편
이자 아버지로 이루어진 가정은 정상적이며 이상적인 가족의 이
미지다. 이렇듯 '가족'이라는 단어를 보고 사람들은 흔히 애정과
따뜻함, 안식처, 편안함, 밥상, 혈연 같은 것들을 떠올린다. 그렇
다면 가족의 의미는 가족 구성원 모두에게 동일할까? 양육과 가

사를 전담해야 하는 어머니에게 가족은 쉼터일까 일터일까? 가정 내 폭력을 경험하는 여성, 자녀, 노인 들에게도 가족은 세상의 위험에서 자신을 보호해주는 안식처일까, 아니면 세상에서 가장 위험한 공간일까? 가족은 사적 영역이니까, 그 안에서 벌어지는 수많은 불평등과 폭력 등은 당사자들끼리 알아서 처리해도 되는 사소한 문제일까?

여성주의는 사회가 가진 가족에 대한 지배적인 가정들에 도전해왔다. 여성주의는 가족의 부양자인 남편과 전업주부이자 어머니인 아내로 구성되는 핵가족만을 정상적이고 합법적인 가족이라고 부추기는 가족 이데올로기에 반대한다. 또한 모든 가족 구성원이 가족과 관련해서 동일한 이해관계를 갖지 않음을 드러낸다. 가족은 사회적 성별이나 연령에 따라 구조화되므로 남성과 여성, 소년과 소녀가 같은 가족 경험을 갖지 않는다는 것이다. 여성주의자들은 가족 구성원들 사이의 권력 관계가 만들어내는 가족 경험의 충돌과 차이를 드러냄으로써, 천국 같은 이미지로 신비롭게 그려졌던 가족 경험을 모든 가족이 가지지도 않을뿐더러 한 가족이라고 동일한 가족 경험을 갖는 것도 아님을 보여주었다. 이를 통해 그들은 가족 안에서의 남성 지배, 갈등, 폭력, 노동의 불평등한 분배 등을 지적한다.

여성주의자들이 주목한 또 다른 주제는 가족의 경계에 대한 것이었다. 이들은 가족이 여성과 아동을 사회·경제적 자원에서 배제함으로써 가장인 남성의 자원에 의존하게 만들어온 사회 제도를 지적하고, 가족이 공적 영역에서 분리된 사적 영역이라는 사회 통념에 도전한다. 또한 가족의 생활은 경제나 국가 또는 다른 사회 제도와 밀접하게 관련되어 있음을 보여줌으로써 가족과 사회라는 이분법에 도전한다.

집에서 하루 종일 집안일을 해야 하는 전업주부와 아침에 출근했다가 저녁 늦게 퇴근해서 부인이 차려준 저녁을 먹고 텔레비전을 보다 자는 남편의 가족 경험은 다르다. 명절이면 시댁에 가서 제사상을 차리고 손님맞이를 해야 하는 며느리의 가족 경험과 처가에 가서 차려준 밥상을 받아먹는 사위의 가족 경험도 마찬가지다.

1. 가정에서 남녀의 역할은 어떻게 나뉘게 되었을까

이미 밖에서 일하는 아버지, 집에서 가사를 돌보는 어머니라는 실제적 성별 분업은 깨진 지 오래다. 교육계에서도 뒤늦게 이런 변화를 받아들여 오랫동안 교과서에 삽입되었던 성역할 그림을 삭제했다. 맞벌이가 늘어나는 등 여성들의 경제 활동 참가율이 꾸준히 늘면서 여성들의 성역할에 대한 인식은 빠른 속도로 변하고 있다. 그러나 남성들은 여전히 집 안에서의 역할 분담을 예전과 다르지 않게 인식한다. 미혼 여성과 미혼 남성을 대상으로 결혼을 어렵게 만드는 요인이 무엇이냐는 설문 조사를 실시했을 때, 여성들은 '일과 가정 양립의 어려움'을 2위로 꼽았지만 남성은 그것을 5위로 꼽았다. 실제로 여성들은 남편과 경제적 부담을 함께 나눌 생각이 있고 따라서 가정 내 역할 분담을 실제적으로 고려하고 있지만, 아직 남성들에게 가사 노동과 육아는 분담의 대상으로 고려되지 않고 있다. 그렇다면 이러한 성역할 고정관념은 언제부터 생겨났을까?

즐거운 나의 집?—가족의 탄생

특정한 시대를 사는 인간의 삶은 그 시대의 지배적인 경제 양식과 밀접하게 연관된다. 원시 사회에서 인간은 정착하지 않고 떠돌아다니며 채집과 수렵을 주된 경제 수단으로 삼았다. 이 시기에는 현재 우리에게 익숙한 형태의 가족, 즉 부모와 자녀로 구성된 가족은 존재하지 않았다. 일부일처제도 등장하지 않은 이 시대에는 남녀 모두 상대를 가리지 않고 성행위를 하는 것이 일반적이었다. 이러한 사회에서는 여성만이 아이의 생물학적 부모로 확인받을 수 있었다. 따라서 아이를 낳은 여성은 자신이 속한 공동체에서 아이를 잘 기를 것 같은 남성과 파트너가 되어 아이를 함께 길렀다. 그러다가 공동체가 이동하는 과정에서 둘이 흩어지면 또 다른 파트너와 새로운 관계를 맺었다. 혈연에 기초한 가족이 아니라 언제든 헤쳐모여 식의 유연한 관계망이 유지된 것이다.

수렵 채집 시기를 지나 농경을 시작하면서 일어난 가장 큰 변화는 정착이었다. 정착 생활을 하자 이전의 수렵 채집 시기와는 달리 사용하고 남은 '잉여'가 생기기 시작했고, 그 잉여는 개별적으로 소유할 수 있는 사유재산의 출현으로 이어졌다. 이때부터 사람들은 저마다 재산을 가진 정도가 달라졌는데, 자연히 사유재산을 많이 축적한 계급은 자기 자손에게 그 재산을 물려주기를 원했다. 그러려면 누가 자신의 자손인지 확인해야 했으며, 따라서 자신과 결혼한 여성의 성을 자신에게만 묶어둘 필요가 생겼다. 즉 자신과 결혼한 여성의 섹슈얼리티에 대한 철저한 관리가 필요해진 것이다.

그 결과 여성의 섹슈얼리티는 통제되었지만 남성들은 축첩제 등을 통해 사실상 일부일처제에서 자유로웠다. 여성에게는 실제적인 일부일처제, 남성에게는 명목상의 일부일처제였던 셈이다. 특히 신분과 재산 증식의 도구로 이용된 집안끼리의 중매결혼에서 각 집안에 속한 여성의 섹슈얼리티는 일종의 재산으로 간주되었다. 여성을 가문의 재산이자 소유물로 여기는 관념은 대부분의 부계 사회에서 공통적으로 등장하는데 이슬람권의 '명예살인'은 이러한 관념의 극단적 형태에 해당한다. 이슬람권에서 한 여성이 남성에게 성폭력을 당했을 때 여성의 집안 남성(아버지, 오빠, 남동생, 남편)들은 집안의 명예를 훼손했다는 이유로 그 여성을 살해할 수 있으며, 이는 관습적으로 허용되어왔다. 즉 자기 집안의 손상된 소유물을 처분한다는 의미인 것이다.

이처럼 집안의 부와 권력이 아버지에서 아들에게로 전해지는

섹슈얼리티는 성과 관련된 욕망, 상상력, 질서, 규칙, 행동 등을 아우르는 총괄적인 개념이다. 성에 대한 관념은 성을 인간의 생물학적 본능으로 간주하는 관점에서 '성이 역사를 가진다'는 관점으로 이동되었다. 여기서 성이 역사를 가진다는 말의 뜻은 문화마다 성적 욕망과 실천 규범의 형태가 다르다는 점을 통해, 성을 각 사회와 문화가 가진 각본에 따라 다르게 구성되는 사회 정치적 구성물이라고 바라보기 시작했다는 의미다. 성에 대한 사회·문화적 관점을 통해 학자들은 남성과 여성의 섹슈얼리티가 자연적 산물이 아니라 문화적 산물이라는 것을 밝혀왔다.

가부장적 가족 제도에서는 여성의 섹슈얼리티가 남성에 의해 관리되지만 중국의 소수민족인 '모수족'처럼 혈통의 계승과 상속이 어머니 계보로 이어지는 모계 사회도 아직 존재한다. 티베트 인근 윈난성 루구호를 중심으로 모여 살며 농경과 목축을 주업으로 하는 모수족은 어머니가 집안의 부와 권위를 가지며 딸들이 그 뒤를 잇는다. 남자들은 대개 어머니와 함께 살고 어머니가 사망한 뒤에는 누나나 여동생 등 여자 형제 집에서 산다.

모수족의 혼인 형태는 우리에게 익숙한 '일부일처제'가 아니라 주혼(走婚) 또는 아샤혼이라고 불리는 독특한 형태다. 모수족 여성들은 평생 동안 대개 다섯 번에서 여섯 번 정도 각각 다른 남자와 주혼 관계를 맺는다. 그러나 혼인을 하더라도 여성과 남성이 한 집에 살지 않고 각자의 어머니 집에 머물면서 밤에만 한 번씩 만나 부부관계를 맺는데, 이렇게 태어난 아이는 어머니의 성을 물려받아 어머니 집에서 자란다. 아이가 어머니의 성을 따르기 때문에 한 남성과만 관계를 맺어야 할 필요도 없다. 아이의 아버지는 아이의 생일 같은 때만 공식적으로 아이를 볼 수 있고, 그나마 아이가 사람을 알아볼 나이가 되면 만남도 금지된다.

모수족 사회에는 남편이 아내를 경제적으로 부양한다는 개념도 존재하지 않는다. 남성들은 자신의 어머니와 여자 형제를 위해 경제 활동을 한다. 이렇듯 모수족의 사례를 보면 부계제, 성별 분업, 성역할 등의 개념이 생물학적인 차이(여성이 아이를 낳는다는)에 따라 필연적으로 결정된 것이 아님을 알 수 있다. 개인의 삶의 방식과 그를 둘러싼 관계의 형태는 그가 속한 사회가 고안한 문화적 상상력의 결과일 뿐인 것이다. 즉 그 상상력의 관점과 내용이 달라진다면 삶의 방식도 달라질 수 있다.

그렇다면 현재 우리의 삶의 모습은 어떠한 상상력 속에서 그리고 어떠한 사회적 필요에 따라 기획된 것일까?

농경사회를 거쳐 대부분의 사회는 근대 산업자본주의 사회로 이동하기 시작했고 특정한 경제 양식은 이전과는 다른 사회 질서를 요구하기 시작했다. 농경사회에 필요한 가족 형태가 대가족이었다면 산업자본주의에 필요한 가족 형태는 도시로 이주할 수 있는 단출한 핵가족이었다. 농경 사회는 노동 집약적 사회이자 자급자족적 사회로서 가급적 많은, 대규모의 노동력을 보유하는 것이 가장 큰 관건이었다. 축첩제를 나라에서 용인한 것도 가족의 범주를 확장하고 노동력을 확보하는 것이 그 시대의 경제 양식에 걸맞은 형태이기 때문이었다. 그러나 새롭게 전개된 산업자본주의에서 필요한 노동력은 이전과 비교했을 때 상대적으로 높은 연령, 즉 긴 기간의 양육을 필요로 했고 이것은 새로운 가족 형태에 대한 요구로 이어졌다. 결국 산업자본주의에서 필요한 노동력의 충원은 자본의 필요와 핵가족 사이의 역할 분업을 통해 해결되었다. 남성이 가족 대표로 일하고 여성은 미래의 노동력을 키우는 핵가족 형태가 등장한 것이다. 이 시기부터 우리에게 익숙한 가족 형태, 즉 생계 부양자인 아버지와 주부인 어머니, 미래의 노동력인 자녀로 구성된 성별 분업에 기반을 둔 핵가족 형태가 지배적인 가족 형태로 등장했다.

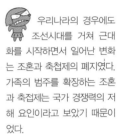

우리나라의 경우에도 조선시대를 거쳐 근대화를 시작하면서 일어난 변화는 조혼과 축첩제의 폐지였다. 가족의 범주를 확장하는 조혼과 축첩제는 국가 경쟁력의 저해 요인이라고 보았기 때문이었다.

여자는 약하지만 어머니는 강하다?—모성의 탄생

근대 산업자본주의는 이전과는 다른 노동력을 필요로 했다. 노동자로 사회에 투입되기 전까지 상대적으로 긴 기간의 교육과 훈육을 거칠 것을 요구하기 시작한 것이다. 이때 생겨난 사회적 개념이 '아동기'와 '모성'이다. 우리가 알고 있는, 나이에 따라 유아기, 유년기, 청소년기, 청년기, 노년기 등으로 구분하는 생애 주기 분류법은 근대적 분류다. 성인기와 뚜렷하게 대비되는 아동기 개념은 집중적으로 교육과 훈육을 거쳐 사회에 필요한 노동력이 되는 생애 주기의 필요성에 따라 생겨난 것이다.

이러한 아동기의 발명은 필연적으로 모성의 탄생과 연관된다. 아동을 책임지고 보살피고 가르치는 역할로 제도화된 모성이 등장한 것이다. 이는 근대 이전에는 어머니가 없었다는 것이 아니라 어머니 역할을 둘러싼 강력한 사회적 이념이 존재하지 않았다는 의미다. 이때 아이는 가족생활에 본질적인 존재라기보다는 커다란 가부장제 가구의 한 성원이었을 뿐이다. 모든 가족 구성원에게 아이는 유모에 의해 키워진 뒤 도제살이를 하며 일을 배우기 위해 다른 가정에 보내지는 존재일 뿐이었다. 아이에 대한 부모의 책임은 최소한의 육체적 복지에만 있었다. 아이들을 위한 학교 등의 기관도 없었다. 우리에게 익숙한 어머니와 자녀 사이의 일대일 양육과 모성 개념은 존재하지 않은 셈이었다.

그러다가 가정에서 여성이 어머니라는 이름으로 아이를 맡아 무임으로 양육하기 시작함으로써 사회는 엄청난 비용을 절약할 수 있었다. 자본주의 초기에는 노동 시장에 투입되는 남녀 노동자

프랑스의 역사학자 필립 아리에에 따르면 14세기 이전에 '가족'의 의미는 부부 단위보다는 혈통을 강조하는 법적 상속제가 우선이었다. 그러다가 중세 말기 상류층의 부부 중심 가족이 확대되면서 아동기와 같은 새로운 인생 단계가 중요하게 부각되었다. 그 전까지 아이들은 단지 '작은 어른', '축소판 어른'으로 간주되었다. 아이들은 경제적 의존성에서만 어른들과 사회적으로 구별되었으며, 가능한 한 빨리 전체 집단으로 통합되었다. 당연히 아이들만을 위해 만들어진 장난감, 학교, 옷도 없었다. 14세기 이후에야 공식적인 학교 교육이 시작되었고 아이들은 성인 세계에서 점점 더 분리되기 시작했다. 사실 중세에는 모차르트를 비롯해 어린 나이에 재주를 보인 어린이가 그리 드물지 않았다. 그 시대의 아이들은 '어른'들의 활동에 함께 참여했기 때문이다. 아동기가 발명되고 어른의 세계에서 분리되어 아이다운 교육을 받기 시작하면서 비범한 아동들은 점차 희박해졌다.

의 비율이 거의 비슷했다. 그러나 시간이 지나면서 남성 노동자들과 자본가들은 여성 노동자를 일터에서 집으로 들여보내는 '가족 임금제'를 생각해내 협상을 벌였다. 가족 임금제는 한 개인에게 가족 전체를 부양할 수준의 임금을 지급하는 것이다. 이로써 남성 노동자는 이전에 자신이 받던 임금보다 높은 수준의 임금을 보장받았고, 자본가들은 주부 또는 어머니라는 무임의 인력, 즉 미래의 노동 인력을 키워내고 남성 노동자가 일터에서 일할 수 있게 그들의 일상을 재생산해주는 인력을 얻게 되었다.

이에 따라 여성은 일을 하더라도 남성보다 낮은 임금과 고용 불안정성을 감수해야 했다. 현대에도 여성은 여전히 가족 임금 수준에 걸맞은 임금 수준과 고용 안정성을 보장받지 못하지만 현대의 여성은 남성과 함께 가정 경제를 책임져야 하는 주체가 되어가고 있다. 하지만 여전히 아이의 출산과 양육은 무보수인 채 여성의 몫으로 고스란히 남아 있다.

소득 수준이 내려갈수록 고용 불안정 요인은 점차 커지기 마련이다. 부부 모두 고용이 불안정한 상황에서 여성들이 예전처럼 남성에게 생계를 맡긴 채 무보수로 육아에 전념하기란 사실상 불가능하다. 특기할 만한 점은 15~29세 사이의 여성과 같은 연령대 남성의 경제 활동 참여율은 각각 48.5퍼센트와 49.7퍼센트로 비슷하지만 30~54세 사이에서는 남성은 93.9퍼센트, 여성은 59.2퍼센트의 경제 활동 참여율을 보인다는 점이다. 현대 사회에서도 여성들은 여전히 결혼 후 육아에 대한 전적인 책임이라는 성역할에서 자유롭지 못하며, 이것이 경제 활동 진입 초반에는 거의 비슷하던 여성과 남성의 경제 활동 참여율을 30세 이후 큰 격차로 벌여놓는 요인인 것이다.

이러한 딜레마 속에서 여성들은 '저출산'이라는 선택을 하기 시작했다. 이는 개인적인 선택이지만 사회적 맥락 속에서 볼 때는 모성 이데올로기로 미화된 무보수 여성 양육 체계를 전제로 하는 사회에 대한 저항의 의미를 담고 있다.

2003년에 1.17 쇼크를 맞은 뒤 2006년에는 출산율이 1.08명으로 세계 최저 수준까지 떨어지는 등 저출산에 대한 우려의 목소리가 높은 한국 사회는 그러나 해외 입양에서는 1위의 자리를 차지하고 있다. 저출산으로 고민하는 정부는 왜 해외로 아이들이 빠져나가는 데는 아무 대책도 세우지 않을까? 정부가 내놓은 출산 장려 정책은 비현실적이게도 한 명도 낳으려 하지 않는 여성들에게

2003년 기준으로 우리나라의 평균 출산율이 1.17명에 달하자 사회 각계각층에서는 저출산이 생산 가능 인구 감소, 평균 근로 연령 상승, 저축·소비·투자 위축 등으로 이어져 경제력과 국력이 약화될 것을 우려하며 '저출산 위기 담론'을 펼쳤다. 그러나 여성학자 이재경, 조순경 등은 이와 같은 사회의 저출산 위기 담론이 '누구의 위기 담론'인가를 질문하며 저출산 문제를 여성 개인의 문제로 축소하려는 경향을 비판했고, 동시에 여성에게 일방적으로 전가되었던 출산-양육 시스템 전반의 문제를 지적했다.

셋째 아이를 낳으면 혜택을 주겠다는 것이다. 이러한 정책은 국가가 '어떤' 출산만을 공식적으로 인정하고 지원하고 싶은지를 분명하게 보여준다. 즉 정상적인 가족 테두리 안에서 양육을 해결할 수 있는 아이에 대한 지원인 것이다. 2005년 9월 보건복지부에서 발표한 〈전국 인공 임신중절 실태 보고서〉에 따르면 해당년도의 출산 건수가 43만 건인 데 비해 공식적으로 집계된 낙태 건수는 35만 8천여 건에 달했다. 이는 출산 건수의 약 80퍼센트로, 이 가운데 43퍼센트는 미혼모에 의한 것이었다.

그런데 낙태에 반대하는 시민단체에서는 한 해 비공식 낙태가 150만 건에 이른다고 본다. 상대적으로 우리보다 출산율이 높은 스웨덴과 프랑스는 전체 출산율의 각각 54퍼센트, 39퍼센트가 혼외 자녀로 구성된다. 이들 나라에서는 다양한 가족 형태에 대한 지원도 혼외 자녀 비율과 비슷한 수준이다. 프랑스에서는 1923년 이래로 매년 결혼하는 쌍이 1만 쌍씩 줄고 있지만 39퍼센트에 달하는 혼외 출산으로 신생아 수는 오히려 80만 명을 유지하고 있다. 프랑스의 출산율은 1993년 1.65명에서 2000년 1.9명으로 늘어났는데 현재 영유아 수당, 가족보조금, 다양한 가족 제도에 대한 지원 등 한 해 국민총생산의 3퍼센트를 가족 지원에 쏟고 있다. 이는 미혼모가 출산한 아이에 대한 정부의 지원, 부모의 혼인 지위별(부모가 법률혼인지 사실혼인지 여부에 상관없이) 자녀에 대한 차별 금지 등이 이루어낸 성과다. 스웨덴과 프랑스의 사례와 저출산을 경험하는 한국 사회가 해법으로 제시하는 '정상 가족' 내 출산 장려 사례를 비교해보았을 때 그동안 사회가 개인을 재생산하는 데 드는 비용을 얼마나 많이 개별 가정과 여성들의 부담으로 돌려왔는지를 확인할 수 있다.

정부가 내놓은 '저출산 고령화 문제 해결을 위한 사회 협약' 내용에는 국공립 보육시설 확충, 아동수당제 도입, 남성 출산휴가 신설, 노인수발 보험 등이 포함되어 있다. 위와 같은 사회적 인프라를 이제부터 만들어가겠다는 것이다. 그렇다면 지금까지 국가와 남성이 면제받았던 이 일을 누가 해왔다는 소리일까? 한 여성이 아이를 키우면서 얻는 '경험으로서의 모성'(애정)과는 별개로 사회가 여성들의 전체 생애 주기 가운데 일정 부분을 '제도화된 모성' 역할로 고안한 이유가 여기에 있다.

이처럼 근대 산업자본주의가 여성들을 노동자에서 어머니와 아내의 역할로 몰아낸 것은 남성 노동자와 남성 자본가 모두의 이익을 충족해주는 결과를 낳았다. 물론 여성들이 집 안에만 있었던 것은 아니었다. 전쟁 같은 특수 상황에서 남성들이 노동 시장을 빠져나갔을 때 여성들은 그 빈자리를 채웠다. 여성들이 산업예비군의 지위에 오른 것이다. 남성들에게 전쟁은 '전투'였지만 여성들에게 전쟁은 공적 영역으로의 진출을 의미했다. 물론 여성들은 전쟁이 끝난 후에 다시 가정으로 돌아가야 했다. 2차 대전 이후에는 전쟁터에서 돌아온 남성들이 다시 일터를 채우면서 여성들을 다시 가정으로 돌려보내기 위해 광장공포증이 사회적으로 고안되기도 했다.

하지만 이러한 자본과 가족 사이의 성별 분업은 후기 산업 사회를 맞이하면서 점차 흔들리기 시작했다. 이는 후기 산업 사회의 구

경험으로서의 모성은 경험으로 얻게 된 관계에 대한 감각과 타자에 대한 배려를 뜻한다. 반면 제도로서의 모성은 가부장제 사회에서 구성된 모성을 의미한다. 이것은 개인의 선택 이전에 제도화된 것인데 모성 제도하에서 모든 여성은 잠재적인 어머니로 간주된다. 이러한 인식은 여성의 삶의 기회를 어머니 되기 중심으로 제한하고, 여성이 모성 역할을 거부할 수 없게 한다.

2차 대전 당시 여성들은 남성들
의 빈자리를 대신해 공장에서
일했다.

조적 특징과 연결된다. 앞서도 이야기했듯 근대 산업 자본주의는
대량 생산과 대량 소비에서 야기된 경직성으로 한계에 부딪혔다.
후기 산업 사회는 이러한 한계를 극복하기 위해 포드주의적 대량
생산에서 벗어나 유연성을 확보하게 되었다.

　제조업 중심이던 근대 산업자본주의에 비해 후기 산업 사회는
서비스업으로 중심이 이동하면서 제조업 중심의 전통적 남성 고
용 시장의 쇠퇴와 서비스 · 커뮤니케이션 분야의 성장, 그리고 노
동력 이주를 특징으로 한다. 서비스 산업의 성장과 함께 전에 비
해 여성 노동 인력을 필요로 했으며 이에 따라 여성들의 경제 활
동 참여율이 증가하기 시작했다. 2006년 6월을 기준으로 할 때 남
성들의 경제 활동 참여율은 74.8퍼센트, 여성은 51.3퍼센트다. 즉

포드주의는 포드사(社)
가 고안한 특정한 작업
방식(노동자들을 조립 라인의
흐름에 고정해두고 작업물을
이동시킴으로써 극적인 생산
성 향상을 이루어냄)을 기점으
로 형성되기 시작한 대량 생
산, 대량 소비, 새로운 노동력
재생산 체계, 새로운 노동 통
제와 관리의 정치학 등을 일
컫는다. 영국 철학자 데이비드
하비는 전후 포드주의는 단순
한 대량 생산 체계라기보다는
총체적 생활 방식으로 보아야
한다고 주장한다.

성역할이 변하고 있는 것이다.

이렇듯 후기 산업 사회는 공적 영역에서의 전통적인 성역할이 해체될 기회들을 여성들에게 제공하고 있으며 이것은 사적 영역에서의 전통적 성역할과 충돌을 일으키기도 한다. 후기 산업 사회는 노동조합 없는 저임의 서비스직을 제공하고 남성들에게도 더 이상 생계 부양자의 가족 임금을 제공하지 않는다. 모성, 성적 이중규범 등 전통적인 젠더 규범은 남성의 가족 부양, 여성의 경제적 의존이라는 조건 속에서 작동되어왔다. 하지만 후기 산업 사회의 변화로 말미암아 어떤 계급에서 남성은 더 이상 가족 임금의 수혜자가 되지 못하고 여성은 자신이 의지할 수 있는 남성을 가질 수 없게 되었다.

남성을 가족 내 단 한 사람의 생계 부양자로서 허용하지 않는 후기 산업 사회의 변화는 성별 관계의 다양한 국면을 만들어내고 있다. 경제적 자립 기반을 갖추기 시작한 여성들은 결혼과 출산을 거부하기 시작했고 더 이상 일자리를 찾지 못하는 남편을 대신해 이주 노동을 택한 여성들이 국경을 넘어 생계 부양자라는 새로운 역할로 이동하고 있다. 세계화 시대에 여성의 저임 서비스 노동 시장을 확장한 세계 자본의 영향력 아래에서 여성들의 이주 노동은 자신의 지역에서 부여받던 어머니, 아내, 며느리로서의 정체성과는 다른 정체성의 기회를 열어주기도 한다. 예를 들어 조선족 기혼 여성의 한국 이주는 가족 내 역할 수행을 위해 시작되었지만 한국 내에서 조선족 여성은 가족 속의 여성이 아니라 가족 밖의 개별 여성 노동자로 존재하면서 자신을 생계 부양할 수 있는 능력을 갖춘 개인으로 이해하기도 한다. 한 사회를 움직이는 지배적인 경제적 생산 양식은 가족의 형태를 비롯해 가족 안에서 개인들의 역할을 규정하는 문화와 상호 작용하면서 성역할의 변화를 만들어내고 있다.

2. 조용한 가족—가족의 정의와 사회적 기능

가족과 가족 아닌 것을 구별하는 기준은 무엇일까? 대부분의 사람들은 혈연과 법적 관계를 들 것이다. 생물학적으로 부모-자식, 형제, 자매 관계로 연결되어 있거나 법적으로 가족(혼인, 입양 등)이라고 엮인 사람들이 가족을 이루는 구성원이라고 생각하는 것이다. 그렇다면 정자나 난자를 제공하거나 대리모처럼 자궁을 제공한 여성은 가족일까 아닐까?

혈연으로 이루어진 양쪽 부모와 자녀를 '정상 가족'으로 규정하는 사회는 다른 형태의 가족에 대한 다양한 차별을 만들어낸다. 현재는 '한부모 가족'이라는 명칭으로 바뀌었지만 이혼 후 아이를 맡아 혼자 키우는 가정을 결손가정, 편모가정, 편부가정 등으로 부르던 예전의 호칭 이면에는 양 부모가 모두 있지 않은 가정을 뭔가 부족하거나 결핍된, 즉 문제 있는 가정으로 바라보는 사회의 편견이 담겨 있다.

재혼 가정을 바라보는 시선도 곱지 않다. 예를 들어 호주제, 즉 아버지의 성을 따라야 하고 그것을 변경하기 어려운 제도 때문에

호주제는 호주인 남자를 중심으로 가(家)를 구성하고, 그 가는 남자에 의해서만 승계되게 하는 법률상의 추상적 가족 제도라고 할 수 있다. 호주제는 양성 평등에 어긋나는 제도이므로 폐지해야 한다는 주장이 있어왔는데, 2005년 2월 3일에 헌법재판소는 호주제에 관해 헌법불일치 판정을 내렸다. 재판부는 결정문에서 "호주제는 성역할에 관한 고정관념에 기초, 호주 승계 순위, 혼인·자녀 등의 신분 관계 형성에 있어 정당한 이유 없이 남녀를 차별함으로써 많은 가족의 불편과 고통을 불러오고 있다"고 밝혔다. 또한 "개인을 가족 내에서 존엄한 인격체로 존중하는 것이 아니라 가의 유지와 계승을 위한 도구적 존재로 취급, 양성 평등 및 개인의 존엄을 천명한 헌법 36조 1항에 위배된다"고 설명했다. 현재 호주제 폐지를 포함하는 민법 개정안이 국회를 통과했다. 이로써 부모가 합의하면 어머니의 성을 따를 수 있으며 미혼모는 자신의 성을 아이에게 줄 수 있게 되었다.

친아버지가 아님이 주민등록등본상에 드러날까 봐 아이가 죽었다고 사망신고를 한 뒤 다시 새아버지 밑으로 출생 신고를 한 웃지 못할 일도 있었다. 이는 초혼, 혈연, 양 부모 중심의 가족이 법적·문화적으로 얼마나 중요한 사회의 '기준'인가를 단편적으로 보여준다.

　최근 혼인이 감소하고 이혼이 지속적으로 증가하면서 '가족의 위기'라는 단어가 종종 등장한다. 그런데 현재 우리에게 익숙하고 보편적이라고 생각되는 '핵가족'의 출현이 가족의 위기이던 시대가 있었다. 대가족이 보편적인 가족의 기준이던 시절, 근대화로 말미암아 새로운 가족 단위가 요구되는 사회로 넘어오는 과도기에 핵가족의 출현은 가족의 위기였다. 즉 가족은 시대와 개인의 요구에 따라 '변화'하는 것이지 깨지거나 해체되는 것이 아니다.

가족의 위기가 있는 것이 아니라 가족의 변화가 있을 뿐이다.

이러한 가족에는 많은 문화적 이미지들이 부착되어 있다. 사회에서 개인을 보호해주거나 휴식을 주는 안식처의 이미지, 가족을 부양하는 아버지와 주부인 어머니라는 역할에 대한 이미지, 공적인 바깥 세계와 구별되는 사적인 영역의 이미지 등이 그것이다. 그러나 가정이 안식처가 될 수는 있겠지만 이는 한 개인이 가정과 어떤 관계를 맺는가에 따라 달라진다. 가정으로 퇴근하는 남성에게 가정은 휴식을 위한 공간이겠지만 전업주부에게 가정은 일터가 된다. 직장 여성들은 가정으로 퇴근하는 것이 아니라 가정으로 다시 '출근'을 한다. 맞벌이가 증가하고 있지만 여전히 가사는 여성의 몫으로 여겨지기 때문이다.

정상 가족 이데올로기는 가족이 여성의 고유한 장소라는 생각을 주입해, 임금이나 지위를 부여하고 인정받는 일에서 자연스럽게 여성을 배제한다. 대부분의 사람이 부모-자식으로 이루어진 가족 관계에 포함된다는 생각, 평범한 성인 여성에게는 부양해주는 남편이 있다는 생각, 어머니가 되는 것이 여성의 중요한 사명이라는 생각 등은 노동 시장에서 여성의 지위가 낮은 것을 정당화해왔다. 노동부의 '임금 구조 기본 통계조사'에 따르면 2006년을 기준으로 남성 평균 임금이 100일 때 여성 노동자의 평균 임금은 66정도였다. 이것은 남성에 비해 여성의 임금 노동은 이차적이라는 가정의 결과다. 이러한 신념은 외환위기IMF 때 많은 '여성 우선 해고'의 선례를 남겼다. 또한 여성만이 가정 내 서비스와 보살핌에 적합하다는 신념은 성별 직업 분리를 뒷받침함으로써 주부나 어머니 역할과 유사한 직종, 즉 간호사, 보모, 교사 등으로 여성의 직업을 국한하는 역할을 해왔다. 그 결과 성별 분업에 기초한 정상 가족 이데올로기는 여성들의 경제 지위를 열악하게 하는 요소로 작용해왔다.

또한 정상 가족 이데올로기를 떠받치고 있는 성별 분업의 논리는 남성들의 가사 노동 분담 속도를 늦추는 요인이기도 하다. 아래의 표는 2006년에 한국기술교육대의 성지미 교수가 맞벌이 부부의 가사 노동 시간을 조사한 결과이다. 취업 여성과 취업 남성의 가사 노동 시간을 비교해보면 맞벌이 부부의 가사 분담이 어느 정도 이루어지고 있는지 알 수 있다. 다시 말해 여성들이 가정에

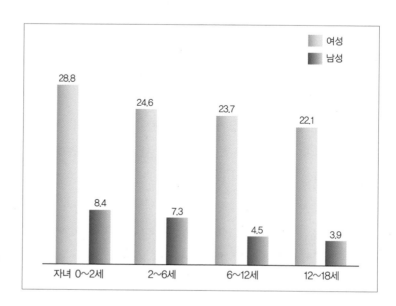

자녀 연령대별로 본 맞벌이 부부의 주당 가사 노동 시간
(단위 : 시간)

서 노동 시장으로 나오면서 남성과 경제적 부담을 분담하는 속도와, 남성들이 가사 노동을 분담하는 속도에는 상당한 차이가 있다. 표에서 볼 수 있듯이 맞벌이 부부는 두 사람 모두 경제 활동을 함에도 불구하고 여성과 남성 사이의 가사 노동 시간에는 확연한 차이가 난다. 여성의 주당 가사 노동은 남성에 비해 최소 4배에서 최대 7배 이상 많다. 자녀가 성장할수록 제도 교육과 사교육 등으로 부모가 직접 양육에 참여하는 시간이 줄어들어 전반적인 가사 노동 시간도 줄어든다는 점을 감안하더라도 전체적인 시간을 비교해볼 때 남녀 차이는 여전하다. 공적 영역의 성별 분업이 깨지고 있는 속도에 비해 사적 영역에서의 성별 분업이 깨지는 속도가 그만큼 더디다는 뜻이다.

게다가 여성이 가구주인 가구 비율의 증가는 더 이상 한 가족을 부양하는 사람이 남성만이 아니라는 것을 보여준다. 그러나 전통적으로 한 사회의 계급(고소득층, 중산층, 저소득층 등)이 어떤 식으로 분포되어 있는지를 조사하는 계급 분석 방식은 여성의 계급이 남성(가장)의 계급에 의해 결정되며 산업 사회 내의 계급 이동 분석도 가장인 남성의 계급 이동만 분석하면 충분하다는 가정을 고집하고 있다. 따라서 계급 분석 단위는 개인이 아닌 가족이어야 하고 가족의 경제적 지위는 대체로 남편에 의해 결정된다고 주장한다. 이러한 전제에서 성인 여성의 계급은 주로 남편과의 관계속에서 파악되었고, 독신 여성과 여성 가구주에 대한 논의는 이루어지지 않았다. 더구나 십대는 '누구누구'의 자녀, 즉 가족의 일원으로 취급되어 아버지(가족)의 경제 · 문화 · 사회적 위치와의

스티븐 에젤에 따르면 현대 영국 사회학에서는 직업적 용어로 계급을 정의하고, 계급 분석 대상은 전임으로 경제 활동을 하는 사람들에게 집중되어 있다. 또한 가족이 계급 분석의 기본 단위이며 계급의 위치는 그 가구의 남성 '가장'의 직업에 의해 결정된다고 가정한다. 이를 비판하는 사람들은 그러한 접근에 의해 여성, 정년 퇴직자, 학생, 실업자, 불완전 취업자를 포함하는 사회범주들이 배제된다는 점을 지적한다.

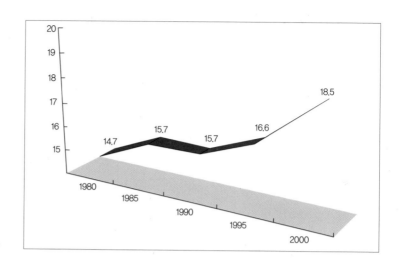

여성 가구주 비율

관련 속에서만 이해되었다.

여성주의자들은 계급을 어떻게 조작할 것인가에 대한 사회학적 논쟁을 본격적으로 시작하게 한 장본인들이다. 집 밖에서 일하는 기혼 여성의 증가, 편부·편모 가족의 증가와 같은 사회적 경향은 전임 경제 활동 남성/남성 가장에 집중하는 전통적인 계급 분석 틀에 문제를 제기했다. 이것은 단순히 기존의 계급 분석 틀에 여성 경제 활동 인구를 포함하는 차원이 아니라 계급 이동을 바라보는 관점의 변화를 요구한 것이다.

'여성 가구주 비율'과 '가족의 형태별 분포'를 나타낸 그래프를 보면 양 부모와 자녀로 이루어진 가족 형태가 지배적이지 않음을 알 수 있다. 그런 가구는 전체 가족의 절반에 불과하며, 나머지 절반은 무자녀 부부, 편부모 가정 등의 형태로 존재한다. 이러한 가

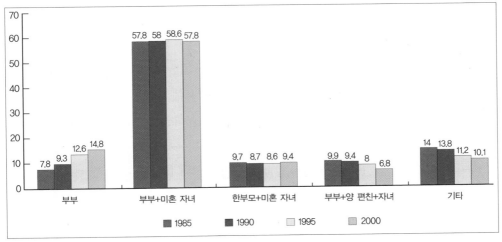

족 형태 변화를 '걱정'하는 사람들은 이것이 가족 와해와 위기의
신호라고 주장한다. 그러나 이는 위기라기보다는 그렇게 걱정하
는 이들이 가정하는 가족의 '정상적' 기준이 협소한 것일 뿐이다.
문제는 '정상' 가족이 기준인 사회 제도는 혼자서 자녀를 키우는
부모나 비혼자, 자녀가 없는 부부, 동성애자들에게 부당한 차별을
경험하게 한다는 점이다. 따라서 여성주의자들은 가족의 '정상
성'이 어떻게 사회적 배제를 만들어내는지를 제시하면서 가족이
라는 단 하나의 기준을 해체할 것을 주장한다.

3. 가정 폭력—가족은 사적인 영역일까

가정은 흔히 친밀하고 사적인 공간이므로 외부의 개입이 최소화되어야 한다고들 생각한다. 이는 가정에서 일어나는 문제에는 다른 공간에서 벌어지는 일과는 다른 기준과 논리를 적용해야 한다는 의미로 받아들여진다. 미국에서 한 해 가정 폭력으로 사망하는 여성의 수는 베트남 참전 미군 전사자 수와 맞먹는다. 그러나 사망까지 불러올 수 있는 가정 폭력을 우리 사회는 '가정사', '부부간의 일' 등이라며 사소하고 개인적인 문제로 간주한다. 정말 그럴까? 가족에 대해 다루는 이 장에서 마지막으로 다룰 내용은 사회 문제로까지 확대되고 있으나 여전히 제대로 해결되지 못하는 가정 폭력에 관한 이야기이다. 가족 이데올로기 속에서 자신의 정체성을 억압당하고 희생해온 여성들이 왜 신체적으로까지 폭력에 시달려야 하는 것일까? 그리고 그 심각한 문제를 사회는 왜 소극적으로 바라보기만 했을까?

사회는 서로 다른 이해관계를 가진 사람들이 모인 공동체이기 때문에 필연적으로 갈등과 충돌이 발생한다. 이러한 갈등과 충돌을 피하기 위해 오늘날 모든 사회는 구성원들이 누려야 할 권리와 의무를 배분하는 '정의'의 기준과 내용을 가지고 있는 것이다. 하지만 이러한 정의의 기준은 가족처럼 개인적인 공간으로 간주되는 영역에는 작동되지 않는다.

다음은 가정 폭력에 대한 우리 사회의 편견들이다.

부부싸움은 칼로 물 베기다.

맞을 짓을 했으니 맞는다.

가정 폭력은 가난한 집에서 많다.

가정 폭력 가해자는 성격 이상자나 알코올 중독자다.

그러나 가정 폭력 가해자들을 상담한 '한국 여성의 전화' 자료에 따르면 가정 폭력 가해자들은 멀쩡하게 사회생활을 하고 있는 경우가 많았다. 학력도 다양하며 성격 이상자나 알코올 중독자도 많지 않았다. 이들 중 아무 이유 없이 폭력을 행사했다고 응답한 경우는 17.8퍼센트에 불과했다. 그렇다면 '맞을 짓'에 해당하는 82.2퍼센트는 무엇이었을까? 허락 없이 머리 스타일을 바꾸어서, 장보러 갔다가 평소보다 늦게 와서, 술 마시고 늦게 들어와 자는데 아침 먹고 출근하라고 깨워서……. 이러한 '이유'들은 바꾸어 말하면 '내 기준에 거슬려서'다. 하지만 이들이 회사 동료나 길을 가는 사람을 자기 마음에 들지 않는다거나 거슬린다는 이유로 때리는 일이 있을까? 가정 폭력 가해자들이 흔히 하는 이야기의 하나는 '나는 사람을 친 적이 없다. 내가 내 아내를 때리는데 그게 왜 잘못이냐'다.

사람이 근본인 인본주의가 본격적으로 시작되었다는 르네상스 시기. 그러나 그 시기에도 여성과 노예에게는 인간의 권리가 주어지지 않았다. 당시 인간의 범주는 노예가 아닌 남성으로 한정되었기 때문이다. 인간의 범주를 어디까지로 할지는 늘 투쟁과 협상의 과정이었으며, 이것이 바로 인권의 역사다.

　'나는 사람을 친 적이 없다'라고 말하는 남성들은 '거짓말'을 하는 것이 아니다. 이들은 진심으로 사람을 친 적이 없다고 생각한다. 이들 입장에서 아내는 자신의 소유물 중 하나, 즉 자기 마음대로 할 수 있으며 그 누구도 그것에 대해 왈가왈부할 권리가 없는 대상이다. 그들 관점에서 자신의 아내는 인간의 범주에 포함되지 않는다. 반면 회사 동료와 행인은 인간의 범주에 해당되기 때문에 인간과 인간 간에 지켜야 하는 원칙과 규범이 적용된다. 이 사회의 기본 전제는 바로 '가정'이 '가장'의 권위 아래 있으며 그래서 외부의(사회의 법과 물리력) 개입을 최소화해야 한다는 것으로, 이는 가정을 사적인 공간으로 바라보는 관점이다. 따라서 때리는 것은 가장의 역할이며 맞는 것을 수용하는 것은 가장의 권위 아래 있는 가족 구성원의 역할이 된다. 아내라는 이름으로 묶

인 여성들에게는 인간으로서 맞지 않을 권리보다 가족 구성원으로서 참아야 할 도리와 역할이 강조된다.

많은 사람들이 홍익인간, 즉 널리 인간을 이롭게 한다는 이념을 담고 있다고 생각하는 단군신화는 바로 여성들에게 '참을 도리'를 성역할로 규정하는 가부장적 관습의 원형으로 볼 수 있다. 생각해보자. 호랑이와 곰에게 빛도 들지 않는 동굴 속에서 마늘과 쑥만 먹으며 100일을 견디라고 제안하다니, 얼마나 억지스러운 소리인가. 어떻게 보면 동물 학대에 해당된다. 어쨌든 100일을 견뎌낸 곰은 인간(여자)의 몸이 되어 한민족의 시초가 될 아기를 낳았지만 견디지 못하고 뛰쳐나간 호랑이는 그대로 호랑이의 몸으로 살아갔다. 이 신화는 많은 상징적 은유를 담고 있다. 호랑이와 곰에게 인간이 되기 위해, 그것도 남자가 아닌 여자가 되기 위해 요구된 것은 빛도 들지 않는 동굴에서 마늘과 쑥만 먹는 것이었다. 인내와 참을성, 이 두 가지가 가부장적 사회가 여성에게 요구하는 최고의 덕목인 셈이다. 이것을 수행해낸 곰은 가부장제가 인정하는 상징적인 여자의 몸이 될 수 있었다. 반면 참을성과 인내를 거부함으로써 계속 짐승으로 살아가야 했던 호랑이는 이를 거부한 여성의 최후가 어떠할 수 있는가를 보여주는 일종의 '경고'를 상징한다.

실제로 여성과 남성의 관계에서 문제가 생겼을 때 주위의 조언이나 법적인 판단과 해석은 모두 여성들에게 얼마만큼 인내했는지를 질문하며 더 인내할 것을 요구한다.

2004년 11월, 애인을 폭행하고 나체 사진을 찍어 협박한 정 모 씨에 대한 경찰의 구속영장이 법원에서 기각되었다. 서울 서부지법 판사는 "두 사람이 결혼을 전제로 6년간 사귀어온 만큼 시간을 갖고 생각해보라는 의미에서 영장을 발부하지 않았다"고 기각 이유를 설명했다. 피해자를 흉기로 위협하며 다른 사람과 결혼하지 못하도록 애인의 나체를 찍어 사진을 컴퓨터에 저장해놓은 가해자에게 판사는 애인과의 관계를 '회복할 시간'을 준 것이다.

1999년 10월 말, 칼로 위협하는 남편의 폭력 앞에 다급해진 김 모 씨는 112에 신고를 했다. "가정사니 두 사람이 잘 얘기하라"는 말이 전화기를 통해 들려왔다. 그 후에도 목숨의 위협을 느낄 정도의 폭력을 당할 때마다 경찰에 신고했지만 출동한 경찰은 김 모 씨를 '달래고' 되돌아갔다. 그로부터 1년 뒤 폭력 남편을 살해한 혐의로 한 여성이 서울 강동경찰서에 구속되었다. 그리고 "관계 개선을 하라"고 달래던 경찰과 다시 만났다. 이번에는 피해자가 아닌 살인자로서였다. 경찰이 김 모 씨 부부에게 준 시간은 결국 무력한 피해자를 살인자로 만들어낼 시간이었다.

상해치사 혐의로 징역 3년, 집행유예 5년을 선고받은 김 모 씨에게 검사는 "피고인이 이혼 소송을 취하게 하여 재결합할 의도로 피고인을 찾아온 점으로 미뤄볼 때, 피해자 남편은 가정을 지키고자 노력한 가장이었다"는 이유를 들어 "양형이 부당하다(적다)"는 항소를 제기했다. 날카로운 가위를 들고 이혼 소송을 취하하라고 협박한 남편을 '관계를 개선' 하려 한 가장으로 둔갑시킨 것은 여성에게 인내를 강조하는 가부장적 성역할 문화다. 끔찍한 폭력의 위협 앞에서 피해자의 '맞지 않을 권리' 를 강조하는 것이 정의인가, 관계의 지속을 위해 피해자에게 '참을 도리' 를 강조하는 것이 정의인가?

가정 폭력 피해 여성이 결혼 초기에 이혼을 결심하면 주위에서 가장 많이 듣는 이야기는 이렇다. "좀 더 참아보지 왜 벌써 끝내려고 그래?" 길고 긴 폭력에 지쳐 이혼하려는 여성 또한 주위에서 가장 많이 듣는 이야기는 "기왕 지금까지 참고 살았는데 이제 와서 깰 필요가 있어?"다. 이러한 주위의 충고(?)를 뿌리치고 이혼을 감행한 여성들은 '가정을 깼다' 는 비난을 받는다. 반면 이혼해주지 않겠다고 버틴 남성은 '그래도 끝까지 가정은 지켜보고자 노력한 가장' 으로 이해된다. 이렇듯 가정 폭력이 지속되는 또 다른 사회적 기제 중 하나는 '가정은 어떤 일이 있어도 지켜야 한다' 는 것이다. 그리고 그 가정을 유지하는 가장 막중한 책임은 바로 여성들에게 아내라는 이름으로 지워진다. 하지만 상식적으로 생각해보자. 가정 폭력으로 이혼할 때 그 가정을 깬 당사자가 누구인가? 왜 여성들은 피해자임에도 가정과 관련된 일에서는 책임 추궁에서 자유롭지 못할까? 이렇듯 성역할에 기초한 한국의 가족주의는 가정 폭력을 재생산하는 중요한 요인이다. 가족주의 앞에서 여성의 인권은 사소한 문제일 뿐이다. 마지막으로 질문을 던져보자. 가족은 정말 사적인 영역인가?

가정 폭력에 대한 글은 정희진의 《저는 오늘 꽃을 받았어요》(또하나의문화, 2001)에서 많은 도움을 받았다.

여성의 시각으로 보기

여성과 여성 시민의 권리 선언(1791)

국민의회는 어머니들, 딸들, 자매들 그리고 인민 대표로 구성되어야 한다. 여성의 권리에 대한 무지와 망각 또는 경멸이 공적인 불행과 정부 부패의 주요 원인이라고 믿는 우리 여성들은 여성의 자연적이고 양도 불가하며 신성한 권리를 엄숙하게 선언할 것을 결의했다. 사회의 모든 구성원에게 끊임없이 노정될 이 선언은 사회 구성원에게 의무와 권리가 있음을 지속적으로 상기시키며, 여성의 신뢰할 만한 행동과 남성의 신뢰할 만한 행동은 어떤 경우에도 동등하며……따라서 출산의 고통에서 인정되듯이 용기가 우수할 뿐만 아니라 미에서도 우수한 여성은 최고의 존재 앞에서 그리고 그 가호에 힘입어 여성과 여성 시민의 권리를 다음과 같이 선언하는 바이다.

제1조 여성은 자유롭게 태어나며, 그 권리에 있어서 남성과 동등하게 삶을 영위한다. 사회적 차별은 공공의 유용성에 근거할 때만 마련될 수 있을 뿐이다.

제2조 모든 정치적 결사의 목적은 여성과 남성의 천부적이며 양도 불가능한 권

리의 보존이다. 이들 권리란 자유, 소유, 안전, 특히 압제에의 저항이
다.

제3조 모든 주권의 원리는 근본적으로 남성과 여성의 통일체인 국민에게 있
다. 어떤 단체나 개인을 막론하고 국민으로부터 직접 유래하지 않는
어떠한 권한도 행사할 수 없다.

제4조 자유와 정의는 타자에 속한 모든 것의 회복이다. 따라서 여성의 자연
권 행사의 유일한 제한은 항구적인 남성 폭정이므로, 이러한 제한은
자연과 이성의 법에 의해 개혁되어야 한다.

......

제6조 법은 일반의지의 표현이다. 따라서 모든 여성 시민과 남
성 시민은 개인적으로 또는 대표자를 통해 법의 제정에
기여해야만 한다. 법 앞에서 평등한 남성 시민과 여성 시
민은 자신들의 능력에 따라 그리고 자신들의 미덕과 재능
이외의 어떤 차별 없이 모든 영예, 지위, 공적 지위에 있
어서 평등해야만 한다.

......

제10조 누구도 자신의 기본적 의견에 대해 침묵을 강요당해서는 안
된다. 여성은 단두대에 오를 권리가 있다. 여성 자신의 의
견 표현이 법적으로 확립된 공적 질서를 교란하지 않는 한,
여성은 당연히 평등하게 연단에 오를 권리를 갖고 있다.

......

제17조 재산은 결혼하고 있을 때나 혼자 살고 있을 때나 남성과

여성 둘 다에 속한다. 남성과 여성 모두에게 재산은 신성 불가침의 권리이기 때문이다. 합법적으로 결정된 공적 요구와 정당한 사전 보상이 이루어지지 않는 한 그 권리는 자연의 진정한 전통이기 때문에 누구도 그 권리를 박탈당해서는 안 된다.

......

— 구즈Olympe de Gouges

〔이남석,《참여하는 시민 즐거운 정치》(책세상, 2005)에서 재인용〕

* 프랑스의 정치가이자 작가인 구즈는 1789년의 프랑스 시민혁명에서 공포된 〈인간의 권리 선언〉이 여성의 인권을 배제했다고 비판하고 여성도 인간으로서 남성과 동일하게 공직에서의 참여권, 자유의사에 의한 결혼 및 재산권, 상속권을 가짐을 천명한 〈여성과 여성 시민의 권리 선언〉을 발표한 후 단두대에서 처형당했다.

'노동'과 노동이 '아닌' 것 사이

1. 집안 '일' 은 노동이 아닐까

간혹 남성들이 아내에게 "집에서 하는 일이 뭐냐", "집에서 놀면서 이런 것도 안 해놓느냐"며 면박하는 것은 자기 아내가 주부로서 하는 일을 가치 절하하거나 비하하려는 것이 아니다. 그들에게는 진심으로 주부들이 집에서 하는 '일' 이 눈에 보이지 않는다. 이처럼 세상을 보는 관점은 세상에서 볼 수 있는 것들의 내용을 다르게 구성한다. '일' 과 '노동' 의 개념에 가사가 포함되지 않을 때, 사람들의 눈에는 자기 앞에서 가사 노동이 벌어지는 순간에도 그것이 '일' 로 들어오지 않는다. 노동의 개념이 어떻게 구성되는가에 따라 실제 벌어지고 있는 노동들이 눈에 들어오기도 하고 들어오지 않기도 하는 것이다. 왜 그럴까? 그것은 생산적 활동만을 노동으로 보는 일반적인 생각 때문이다. 보통 가정은 생산의 공간이 아니라 소비의 공간으로 인식되는데, 주부들이 하는 소비의 대다수는 가족의 일상을 재생산시키기 위한 것일 때가 많다. 주부들의 소비는 '생산'적 '노동'의 의미를 가진다. 주부들에게 소비와 생산, 또는 소비와 노동은 엄격하게 구분되는 이분법적 의미가 아니다.

그렇다면 무엇이 노동이고 무엇이 노동이 아닐까? 그리고 그것은 누가 결정할까?

노동의 개념과 가치는 그 시대를 살아가는 사람들의 이해관계와 필요에 따라 만들어진다. 예를 들어 고대 그리스와 중세의 노동 개념을 비교해보자. 고대 그리스 시대에 노동은 '고통스러운 부담', '천벌'의 의미였다. 노동은 인간이 덕을 쌓는 것을 방해하므로 인간의 범주에 포함되지 않는 노예에게 맡겨야 하는 것이었다. 아리스토텔레스는 노예의 노동과 주인이 하는 행위, 즉 정치와 전쟁 등을 구분했다. 이 시기의 노동은 인간이 할 수 있는 최악의 행위를 가리켰다. 그러나 중세 말, 근대 산업화로 넘어가는 시기가 되자 대량의 노동력이 필요해졌고, 사회는 노동에 대한 개념을 반전시키기 시작했다. 이전 시대와 달리 노동은 인간을 인간답게 하는 데 걸림돌이 아니라 오히려 인간의 타락한 영혼과 육체를 구원하는 수단으로서 신성시되었다. 노동은 거의 기도와 동일시되어 악을 물리치고 인간답게 살기 위해 반드시 필요한 것으로 자리 잡아갔다. 이는 다수의 자발적인 노동력이 필요해진 자본주의와 종교적 프로테스탄티즘이 서로의 이해관계에 따라 결합한 결과였다.

근대 사회의 '하녀' 이미지를 나타낸 포스터

베버Max Weber는 《프로테스탄티즘과 자본주의 윤리》에서 자본주의 사회를 이끄는 사람들이 프로테스탄티즘 종교개혁을 수용한 자들이라는 사실에 주목했다. 새로운 기업가들이 도덕적·경제적 파탄에 이르지 않으려면 특별한 윤리적 자질이 필요했는데, 자본주의적 생활 방식은 금욕적 프로테스탄티즘에서 그 윤리적 토대를 발견한다. 프로테스탄티즘의 금욕주의는 직업으로서의 노동이 금욕을 위한 최선의 방법이자 신앙의 증표라고 보았다. 베버는 이와 같은 금욕적 프로테스탄티즘 윤리가 자본의 돈 버는 방식을 정당화했다면서 자본주의와 프로테스탄티즘 사이의 연관성을 보여주었다.

2. 가사 노동의 달인, 주부들의 항변

현재의 '경제 활동' 개념은 경제 중심적으로, 시장 외부에 존재하는 일을 배제한다. 오늘날 전 세계가 따르는 경제 활동 기준은 국제노동기구ILO가 정한 것이다. ILO의 국제 기준은 UN 국민계정에서 경제 활동으로 규정하는 활동을 한 인구를 경제 활동 인구로 본다. 그런데 UN 국민계정은 특정 조사 기간 내에 임금이나 이윤을 목적으로 일한 것을 경제 활동으로 간주한다. 결국 무엇이 경제 활동인가는 이 사회가 무엇을 '이윤'을 낼 수 있는 일로 정의하는가에 따라 결정된다. 다음은 국민계정이 경제 활동에 포함하지 않는 활동들이다.

—가족 기업이나 가족원의 일이 아닌 경우, 가족의 지불 노동을 무보수로 돕는 활동(품앗이 등)
—비친족 간 무보수로 일을 돕는 활동
—친척집에서 무보수로 일하는 것
—가사 노동 등의 집안일
—기업 생산에 연관되지 않은 훈련 활동
—여러 유형의 자원 활동
—죄수들의 노동
—경영에 가담하지 않고 회사의 지분을 갖거나 주식에 투자하는 활동

국제노동기구란 노동자의 노동 조건 개선 및 지위 향상을 위해 1919년에 설치된 UN의 전문기구다. 각국의 노동 입법 수준을 끌어올려 노동 조건을 개선하고 사회 정책과 행정·인력 자원을 훈련하며 기술을 지원하고 협동조합과 농촌에 공장을 세우는 일도 지원한다.

국민계정은 1968년에 UN이 국제적으로 통일된 국민통계를 작성하기 위해 마련한 것이다. 기업의 재무제표에 비견되는 국민계정 체계는 5개의 항목을 종합 정리한 것으로 구체적인 내용은 다음과 같다. 생산 활동으로 발생한 국민소득이 어떻게 분배되는지를 다룬 국민소득 통계, 생산 과정에서 상품의 투입·산출 내역을 분석한 산업연관표, 실물과 금융의 양 측면에서 자금의 흐름을 기록한 자금순환표, 국제수지표 등 일정 기간의 흐름을 나타낸 계정과 일정 시점에서 국민 경제가 갖고 있는 실물 및 금융 자산 마지막으로 부채를 모두 기록한 국민대차대조표가 그것이다.

여기서 가사 노동 등 집안일은 비경제 활동으로 분류된다. 가사 노동이 비경제 활동으로, 즉 경제적 가치가 없으며 경제적 보상을 받을 만한 일이 아니라고 분류된다는 것은 직접적으로 이 일을 하는 여성들에 대한 보상의 차원을 떠나 여성 노동 시장 전체에 나쁜 영향을 끼친다. 이에 대해 대학에서 일하는 여자 청소부와 남자 경비의 노동을 비교해보자.

보통 여자 청소부는 청소, 쓰레기 버리기, 화장실 관리 등을, 남자 경비는 강의실 기기 관리, 주차 관리, 학교 시설 출입 통제 등의 일을 한다. 그렇다면 여자 청소부의 임금과 남자 경비의 임금은 어느 정도 차이가 나거나 차이가 나지 않아야 할까? 아니면 어느 한쪽이 더 많은 임금을 받아야 할까? 어느 한쪽이 더 받아야 한

다면 얼마나 차이가 나는 것이 적당할까? 실제로 사립대학에서 청소 일을 하는 여성과 경비 일을 하는 남성의 임금 격차는 작게는 1.5배, 경비직이 정규직일 때라면 많게는 2.5배까지 벌어진다. 왜일까? 경비 일이 청소 일보다 힘들기 때문일까?

임금은 어떤 일에 대한 가치 평가를 실제적으로 드러내는 척도다. 그런데 그 가치 평가 기준은 무엇일까? 보통 노동의 가치는 그 일에 대한 숙련도로 평가된다.

이론적으로 숙련의 정의는 작업work이나 직무job를 기술적으로 이해하는 정도, 구상과 실행을 통합하는 능력, 노동력에 따른 자율적 통제가 실시되는가에 따라 내려진다. 하지만 현실 세계에서 어떤 노동에 대한 가치 평가는 그 일과 그 일을 하는 주체에 대한 사회·문화적 가치, 관습적 정의, 관례에 따라 행해진다. 예를 들어 여성 열차 승무원의 경우 그 업무의 일차적 내용이 고객의 안전 수송임에도 '업무' 보다는 '여성이 하는 일' 에 초점이 맞추어져 저평가된다.

그 일을 담당하는 사람이 여성이기 때문에 전문 지식과 기술 없이 누구나 대체할 수 있는 쉬운 서비스 일로 간주되는 것이다. 비슷한 일을 하더라도 남성이 하면 숙련 노동, 여성이 하면 비숙련 노동이라는 전제 때문에 현재 KTX 여승무원들은 실제 업무 내용에서는 차이가 나지 않는 남성 직원들이 철도공사에 직접 고용된 것과 달리 간접 고용된 상태다.

이렇듯 숙련은 성차별적 요소와 결합되면 성적 불평등을 야기한다. 일이나 업무의 내용 자체에 대한 평가가 아니라 그 일을 하

직접 고용은 사용주와 고용주가 일치하는 것이고 간접 고용은 사용주와 고용주가 일치하지 않는 것이다. 간접 고용 시 사용주는 인력 파견 업체를 통해 노동자를 사용하게 된다. 이때 사용주가 지급한 월급은 이들을 고용한 업체에 일정액이 배당된다. 이러한 간접 고용은 사용주가 노동자를 직접 지휘·감독할 권한이 없는 직종에서만 가능하다. 그러나 KTX 여승무원들의 업무는 그 특성상 사용주 측에 직접 고용된 열차팀장의 직접적 지휘와 감독을 받아야만 가능하므로 불법 간접 고용의 형태로 볼 수 있다.

는 사람에 대한 사회 · 문화적 평가가 일과 업무의 숙련도 평가에 일차적 요소로 작용하는 것이다. 여기서 가사 노동에 대한 가치 절하로 돌아가보자. 가사 노동에 대한 낮은 가치 평가는 그와 유사한 노동이 노동 시장에서 임금 노동의 형태로 이루어질 때 가치를 제대로 평가받지 못하고 저임금을 받는 원인이 된다. 따라서 가사 노동을 재평가하는 작업은 비단 가사를 전담하는 주부들에 대한 가치 평가와 보상을 넘어 노동 시장 내 여성의 지위라는 한층 큰 맥락을 다시 평가한다는 의미를 띤다.

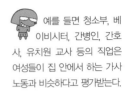
예를 들면 청소부, 베이비시터, 간병인, 간호사, 유치원 교사 등의 직업은 여성들이 집 안에서 하는 가사 노동과 비슷하다고 평가받는다.

이에 따라 학자들은 가사 노동의 가치를 임금으로 환산하는 다양한 방법을 모색했는데, 크게 세 가지로 볼 수 있다.

① 기회비용법 : 주부가 가사 노동을 하지 않고 취업했을 때 얻었을 소득을 근거로 평가하는 방법
② 전문가 대체법 : 각각의 노동에 대해 주부나 가족이 아닌 제3자(세탁소, 반찬가게 등)에게 가사 노동을 맡겼을 때의 비용을 계산. 이때 노동의 강도와 질의 문제, 감정 노동 등의 특정 노동 유형은 임금으로 환산할 수 없다.
③ 종합적 대체법 : 한 사람의 노동자에게 한 가정의 가사 노동을 하게 한 뒤 그에게 지불하는 임금을 기준으로 평가. 가사 근로자, 즉 파출부를 예로 들 수 있다.

이런 방법으로 가사 노동의 가치를 산출해보면 다음과 같다.

구분	기회비용법	전문가 대체법	종합적 대체법
김태홍 외(2001)	1,026,169	968,555	856,689
김준영(2001)	1,117,006	1,056,808	944,327
문숙재 외(2001)	1,046,573 *1,323,774	842,293 *1,198,502	903,803 1,092,129

(*는 약간의 오차를 감안할 때의 비용)

　　이러한 여성의 무급 가사 노동의 가치는 교통사고 시 상해와 피해 보상, 이혼 시 재산분할 청구액 산정, 조세제도에서 부부간 상속 및 증여, 사회보험제도에서 전업 주부에 대한 보험료 산정 기준 등을 논의할 때 적용될 수 있다.

　　통계청의 조사에 따르면 실제로 노동 시장에서 일하는 여성의 60퍼센트 이상이 임시직이나 일용직에 분포되어 있다. 아래의 표는 성별에 따라 종사하는 직종의 차이를 보여준다.

성별에 따른 취업 분야 구성비
(2004)

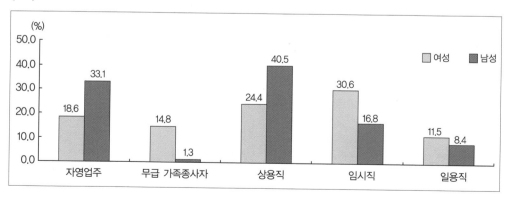

표를 보면 여성은 남성에 비해 임시직과 일용직, 무급 가족종사자 비율이 높고 남성은 여성에 비해 상용직 비율이 높다. 여기에는 여성들이 하는 일은 따로 있으며, 그 일은 여성들이 하고 있으니 임시직이나 일용직이어도 무방하다는 전제가 깔려 있다. 이는 여성이 일차적으로는 집안일에 종사해야 하며 생계를 부양하는 남성 가장이 따로 있으므로 굳이 돈을 벌지 않아도 된다는 사회·문화적 편견에서 나온 것이다.

마르크스는 이렇듯 노동 시장에서 여성과 남성이 다른 위치를 차지하는 것을 사회구조와 연결해 이론화했다. 마르크스주의의 가부장적 자본주의 이론은 가정 내 여성의 지위와 노동 시장 내 여성의 지위가 상호 작용하면서 서로의 지위를 이차적 지위로 만들어낸다고 설명한다. 그에 따르면 가정 내 성별 분업(남성은 생계 부양, 여성은 가사 전담)은 노동 시장에서의 성별 분업(여성화된 주변 직종의 형성)과 연관된다. 즉 여성들은 일차적으로 가사 전담자이므로 노동 시장에 진입하기가 쉽지 않고 진입한다 하더라도 생계를 부양하는 남성이 있는 것으로 간주되므로 저임이나 주변화된 업무에 적합하다고 간주된다는 것이다. 그 결과 노동 시장에서 열악한 위치를 경험한 여성은 다시 가정으로 복귀하고, 결국 두 분야 모두에서 성별 분업은 재생산된다.

3. 실업자가 아니라고?―모성의 정치경제학

2006년 6월을 기준으로 할 때 남성의 경제 활동 참여율은 74.8퍼센트, 여성은 51.3퍼센트다. 연령별로 보면 15~29세의 경제 활동 참여율은 남성 49.7퍼센트, 여성 48.5퍼센트로 크게 차이 나지 않는다. 문제는 30~54세로 이 시기 남성은 93.9퍼센트가 경제 활동을 하고 있지만 여성은 59.2퍼센트만이 경제 활동에 참여한다. 특히 기혼 여성은 기혼 남성의 경제 활동 참여율 85.6퍼센트에 비해 현저하게 낮은 52.1퍼센트를 기록했다. 여성들의 결혼과 출산, 양육이 집중되는 시점부터 여성과 남성 간의 경제 활동

참여율이 벌어지기 시작하는 것이다. 이처럼 육아에 대한 일차적 책임이 여성 개인에게 주어진 사회 제도는 여성들이 노동 시장에 진입하거나 계속 일할 기회를 체계적으로 막는 역할을 한다.

그런데 여성의 경제 활동 참여율이 남성보다 낮다면 당연히 여성의 실업률 또한 남성보다 높아야 할 것이다. 하지만 정부의 통계를 보면 남성의 실업률이 언제나 여성보다 높다. 왜 그럴까?

서른세 살의 주부 최영희 씨. 아기를 낳기 전까지 은행에서 일했지만 출산 후 아이를 맡길 곳이 없어 회사를 그만두었다. 3년이 지나 이제 아이를 어린이집에 보낼 수 있게 되자 다시 직장을 알아보았지만 재취업은 결코 만만치 않았다. 일반적인 직장은 대부분 자격 미달이었고, 주부 대상의 구인 광고는 대부분 허위 광고였다. 그런 경험을 되풀이한 뒤 최영희 씨는 결국 구직 의지를 꺾고 말았다.

이때 최영희 씨는 실업자일까, 아닐까. 이 궁금증을 푸는 열쇠는 통계청의 실업률 조사 방법에 있다. 해마다 통계청이 발표하는 경제 활동 인구 조사를 살펴보면 한 가지 재미난 점이 있다. 조사 기간 중 비취업 상태인 사람들 가운데 사업체 방문이나 전화 문의 등 '적극적으로 구직 활동을 한 적이 있는' 사람들만 실업자로 분류하는 것이다. 구직 활동을 하지 않은 비취업자는 실업자가 아닌 비경제 활동 인구로 분류된다. 최 씨처럼 육아 때문에 일시적으로 노동 시장을 떠난 많은 여성들이 일자리만 있다면 당장이라도 일하겠다는 의지를 가졌건만 그들은 비경제 활동 인구로 분류된다.

실업률 조사는 실업 인구의 전체 규모, 구직 경로, 구직 기간,

실직 배경 등을 파악해 한 나라의 노동 시장 상태를 반영하는 지표이자 고용 정책을 수립하는 척도다. 국가는 이 조사에서 실업자로 파악된 인구 층을 중심으로 고용 정책과 실업 정책 등을 수립한다. 따라서 누구를 실업자로 파악할 것인가의 기준은 매우 중요하다. 기준이 어떻게 정해지는가에 따라 실업자로 분류되지 못한 비구직자는 실업 정책의 혜택에서 제외될 수도 있기 때문이다.

구직 활동은 하지 않았지만 취업 의사가 있는 사람을 실업자로 분류한다면 실업률은 이전과 달라질 수 있다. 구직 의사는 있지만 장기간의 육아로 구직 활동을 하지 못한 여성이 얼마나 많겠는가. 이렇듯 비경제 활동 인구로 분류된 '취업 의지를 지닌 비취업자'를 실업의 범주에 포함하는 새로운 조사 방법이 요구되면서 최근에는 '실망 실업자(구직 단념자)'라는 개념이 대안으로 등장하고 있다.

4. 감정도 일을 한다

어떤 활동을 노동의 개념에 넣을지 넣지 않을지는 그 일을 하는 주체에 대한 사회 · 문화적 정의와 가치 평가를 결정짓는 중요한 문제다. 전통적으로 여성들의 일로 간주되어왔거나 주로 여성들이 해온 일들은 그것에 대한 가치 평가가 시작되면서부터 눈에 보이는 일로 인정받기 시작했다. 노동의 개념에 대해 학자들마다 다양한 정의를 내리고 있지만, 특정한 목적을 위해 사회적으로 조직

되어 이윤을 내는 행위라는 데는 모두 동의한다. 따라서 어떤 활동을 노동 개념에 포함하면 그 노동의 행위 이면에 있는 사회 불평등의 구조를 드러낼 수 있고, 그 일이 사회적으로 분배되는 방식을 비판적으로 이해하기 시작할 수 있다.

여성들이 집 안에서 수행해온 많은 일 가운데 눈에 보이지는 않지만 큰 비중을 차지하는 것이 감정에 관한 일이다. 이 감정의 영역은 후기 산업사회 들어 새롭게 부각되는 서비스 업종에서 가장 큰 비중을 차지한다. 하지만 감정을 노동으로 볼 수 있을까?

감정 노동이라는 개념이 쉽게 다가오지 않는 것은 감정을 비합리적인 것으로 치부하는 이분법적 사고 때문이다. 노동으로 규정되는 활동은 최소한의 조직된 규율을 전제하므로 단순한 행위와는 구별된다. 따라서 구조화되지 않은, 충동적이거나 본능적인 행위는 노동으로 인정되지 않는다. 흔히 여성의 가사 노동이나 육아는 어머니가 된 여성이라면 누구나 본능적으로 해내는 행위로 여긴다. 정말 그럴까? 앞에서도 살펴보았듯이 가사와 육아를 선택하는 여성의 행위는 본능이 아닌 사회적 성별 분업의 결과다. 그럼에도 그 행위들은 여성의 본능으로 취급되어왔고, 그 결과 여성이 실제 수행하는 많은 노력들은 쉽게 '비노동'이 되어버렸다. 특히 감정을 사용해야 하는 노동은 '비노동'의 그물망에 두 번이나 걸리게 되었다. 우선 여성들이 주로 수행하는 것으로 취급되었기에 그러하고, 감정을 자연발생적이고 충동적인 것으로 여기는 시각 때문에도 그러했다. 그렇다면 감정은 과연 사회적 규칙과 문화 또는 조직화된 규율과는 무관한, 자유로운 본능의 영역일까? 이

현대 사회의 기업들은 서비스, 즉 고객 만족을 최우선 가치로 본다. 이러한 시대 변화와 함께 주목받기 시작한 것이 감정 노동인데, 감정 노동은 가족 개념이 만들어지고 성역할이 분화된 뒤부터 줄곧 가정 내 화목을 위해 자신의 감정을 '사랑'이라는 이름으로 희생해온 여성들의 노동과 유사하다. 이 책에서는 감정 노동 문제를 여성의 시각 중심으로 살펴보았지만, 사실 그것은 성별의 영역에 국한된 문제가 아니다. 사적 영역에서 노동이 아닌 것으로 간주되어온 감정 노동은 노동 시장에서 일의 형태로 등장할 때 그 가치를 제대로 인정받지 못하며, 이는 현대에 들어 더욱 중요하게 부각된 현상이기 때문이다.

에 답하려면 먼저 감정이 개인의 문제인지 사회·문화적 문제인지를 검토해보아야 할 것이다.

다음 상황에 대한 본인의 감정을 살펴보자.

지난 몇 달간 대한민국에서는 수많은 남성들이 밤길을 걸으며 공포에 떨게 한 유영순 사건이 벌어졌다. 연쇄살인범 유영순이 체포된 이후 남성들의 밤길 귀가는 더욱 공포스러워졌다. 언론에서는 남성들의 옷차림 단속을 강조하는 기사들을 연일 내보내고 있다. "노출이 심한 옷차림의 남성들 표적", "목요일 밤 흰옷 입은 남성들 특히 요주의 대상"……. 자신의 불우한 개인사를 남성 탓으로 돌리며 무고한 남성들을 성폭행하고 살해한 유영순 사건이 터지자 각 가정에서는 아들을 밖으로 내돌리기가 더욱 무서워졌다며 아들들의 빠른 귀가를 재촉하고 있다. 대학생 아들을 둔 한 어머니는 "남성에게는 암묵적으로 순결을 강요하는 사회의 이중적 성 규범 때문에 요즘처럼 어수선한 분위기에서는 아들의 몸단속에 더 많은 신경이 쓰인다"고 토로했다. 한 직장인 남성은 "웬만하면 일찍 집에 들어가려고 하지만 어쩌다 일 때문에 늦게 귀가할 때면 불안하다"고 말했다. 한 남학생은 "남자는 피해자인데 왜 꼭 문제가 터지면 남자들 옷차림을 탓하고, 늦게까지 싸돌아다닌다며 남성들만 비난하는지 화가 난다"며 억울해했다.

위의 글에서 남자를 여자로 바꾸기만 하면 흔히 신문과 뉴스에서 접할 수 있는 익숙한 사건이 된다. 하지만 주어를 남자로 바꾸었을 뿐인데 왜 이렇게 당혹스럽고, 우습고, 부자연스러운 걸까? 성폭력은 권력을 가진 이가 자신의 일방적인 성적 의지를 상대방에게 관철시키는 폭력이다. 우리 사회에서 성폭행 가해자의 비율이 남성이 압도적으로 많다는 사실을 제쳐두고서라도, 흔히 성폭행은 남성이 여성에게 저지른다는 것이 '자연스러운 상식'이기 때문에 위의 글은 낯선 느낌을 준다. 주로 여성이 성폭행의 피해자가 된다는 현실은 여성들의 시간·공간·심리적 자유를 포함한 일상 활동 반경에 스스로 제약을 만들어내는 여성 통제의 기능을 수행한다. 만일 남성들이 여성들에게 성적 폭력을 당할 가능성을 늘 의식하고 그로 인해 두려워하며 스스로의 시공간에 제약을 가해야 한다면 그들의 일상은 어떻게 달라질까? 이 글에서 느껴지는 부자연스러움은 남성과 여성 사이의 권력 차이가 만들어내는 느낌이다.

대부분의 사람들은 질병에 걸린 사람에게 안타까움이나 동정 등의 반응을 보인다. 하지만 같은 질병이라도 에이즈에 걸린 사람에게는 다른 반응을 보이는데, 혐오와 공포, 심지어는 분노의 감정을 보이기도 한다. 에이즈 환자에게 느끼는 혐오, 공포, 분노의 감정은 동성애자에게 느끼는 혐오, 공포, 분노의 감정이라 할 수 있다. 에이즈의 발병 원인이 아직 명확하게 밝혀지지 않은 상태에서 우리 사회는 에이즈를 동성애와 동일시하기 때문이다. 어떤 질병에는 그 사회가 그것을 통해 무언가를 통제하고자 하는 의지가 반영되어 있다. 따라서 에이즈에 대한 공포는 동성애를 통제하려는 사회의 의지의 반영이라 할 수 있다. 그렇다면 이성애만을 정상으로 바라보지 않는 사람이라면 에이즈에 대해 느끼는 감정 또한 다르지 않을까.

한 가지 예를 더 들어보자. 여중, 여고 앞에 출몰하는 일명 바바리맨. 십중팔구 여학생들은 꺅 소리를 지르며 도망갈 뿐 남성의 벗은 몸에 환호하거나 성적 흥분을 느끼지 않는다. 성인 여성의 나체에는 '쾌락'이라는 문화적 코드가 따르지만 성인 남성의 나체에는 '공포'라는 문화적 코드가 따르기 때문이다. 남중, 남고 앞에 여성 바바리맨이 등장한다면 남학생들이 그 여성의 나체를 보고 소리 지르며 도망갈까? 성인 여성의 몸은 남성과 여성 모두에게 주로 쾌락의 감정을 준다. 그러나 한두 살 된 아기의 나체를 보며 공포나 쾌락을 느끼지는 않는다. 사랑스럽다고 여길 뿐이다.

모두 똑같은 인간의 몸인데 성별과 연령에 따라 각각의 나체는 왜 다른 감정과 결부될까?

이처럼 개인이 느끼는 감정은 혼자만의 감정이 아니라 그가 속한 사회의 가치와 의미 체계가 반영된 것이다. 미국의 사회학자 호크스차일드Arlie Russell Hochschild는 이를 사회화 과정을 통해 습득된 '감정의 규칙들'이라 부른다. 한 사회의 구성원들은 그 사회가 가진 여러 상황에 대한 '상식'의 문화 속에서 그 상황에 부합하는 감정을 느끼며, 거기에 적합해지기 위해 의식적으로 감정을 조절하기도 한다. 즉 감정을 '관리'하는 것이다. 따라서 특정 시간과 공간에 있는 많은 사람들이 동일한 상황에 비슷한 감정을 느끼는 것은 우연이 아니다. 예를 들어 낙태를 경험한 여성들의 감정은 서구와 비서구권에서 다르게 나타난다. 서구 여성들이 죄책감guilty을 느끼는 반면 한국 여성들은 일반적으로 수치심shame을 느낀다. 죄책감은 개인 규범과 연관된 감정이지만 수치심은 타자와의 관계 속에서 경험될 수 있다. 이는 동양과 서양의 문화가 각각 집합주의 문화와 개인주의 문화로 대표된다는 것에 연관된 문화적 차이로 이해할 수 있다. 집합주의 문화에서는 타자와의 관계 또는 집단 규범이 강조되는 반면 개인주의 문화에서는 개인의 독립성 또는 개인 규범이 강조된다. 따라서 타자와의 관계 속에서 형성되는 수치심은 동양 문화와 관련된 감정이고, 개인의 규범 위반에서 경험되는 죄책감은 서구 문화와 관련된다고 할 수 있다.

이처럼 문화권마다 감정이 경험되는 방식이 다른 것은 각각의

 동양적인 수치심의 문화는 도리와 체면을 중시하는 유교 문화와의 연관성 속에서 파악될 수 있다. 유교 문화는 가족을 중시하는 집합주의 문화를 낳았으며 더불어 남의 눈을 의식하고 체면을 존중하는 수치심의 문화를 낳았다. 이와 같은 문화적 특성은 그 사회 구성원들의 감정 경험의 구성에 영향을 미친다 (배용광, 《동서양 규범 문화의 변화》(한국정신문화연구원, 1984)).

문화권이 동일한 상황이나 현상에 대한 다양한 해석 틀을 가진다는 것을 의미한다. 각 문화권의 사회 규범과 사회적 가치 들은 개인의 감정에 영향을 미친다. 다시 말해 감정은 개인이 세상을 이해하는 의미 체계를 통한 '해석'의 결과다. 어떠한 상황에서 어떤 감정을 표현할 것인가는 그 사회의 지배 규범에 상당 부분 좌우된다. 그리고 개인들은 자신이 속한 사회의 지배적 규범과 가치 들을 학습함으로써 각 상황마다 감정을 조절하고 관리 또는 경험하게 된다.

기분 나쁜 상사 앞에서도 연신 웃거나, 억지를 쓰는 고객 앞에서도 상냥한 미소와 말투를 잃지 않는 서비스직 판매원들은 특별한 목적을 위해 자신의 감정을 관리한다. 이들의 미소와 말투는 '서비스 업무'에 포함되는 노동의 영역이기 때문이다.

성별 분업 사회에서 살아가는 많은 여성들은 여성으로서의 성역할 안에서 많은 감정 노동을 하고 있다. 호크스차일드는 월급과 같은 화폐로 보상을 받는 것은 아니지만 나에게 요구되는 역할을 수행하는 데 포함되어 있는 감정 노동과 시장에서 교환가치를 낳는 감정 노동을 구분해 전자는 사적 영역에서 이루어지는 감정 관리를, 후자는 공적 영역, 특히 서비스 업종에서 상품화된 감정 노동을 지칭한다고 주장했다. 예를 들어 백화점 안내 데스크에 있는 여직원의 쾌활함과 친절함은 손님에게 제공되는 업무의 한 부분이다.

〈노동 개념 새로 보기―감정 노동의 이해를 위한 시론〉이라는 논문에서 여성학자 정고미라는 감정 능력이 여성에게 노동의 형식을 띠는 원인으로 성별 분업과 부계제를 들었다. 성별 분업은 여성에게 보살피는 일, 즉 보살핌 노동을 성역할로 규정하며 부계제는 여성에게 감정 노동을 강제하는 장치가 된다. 집 안에서 여성에게 기대되는 일은 단순히 물리적인 노동이 아니라 '애정 어린' 보살핌이어야 한다. 가사 노동이 다른 노동과 구별되는 점은 노동 자체로 존재하지 않고 가족에 대한 보살핌이라는 의미에 종속된다는 점이다. 이때의 보살핌은 물리적인 뒷바라지를 넘어 심리적·정서적 보살핌의 의미이며, 무엇보다 관심을 갖는 것과 돌보는 것이 주된 일이다.

앞에서 설명했듯이 사적 영역에서 여성의 가사 노동이 제대로 평가되지 않는 것은 공적 영역에서 '여성화된 직종'의 임금과 위상을 저평가하는 근거로 사용된다. 마찬가지로 여성들의 보살핌 노동의 많은 부분을 차지하는 감정 관리가 노동으로 제대로 포착되지 않을 때, 공적 영역에서 여성들이 행하는 감정 노동은 그 가치를 제대로 평가받지 못한다. 자신을 성(性) 철학자라고 하는 사라 러딕Sara Ruddick에 따르면 어머니의 사고방식은 어머니로서 수행하는 일을 지배하는 세 가지 주요 관심, 즉 자녀의 생명을 보존하는 것, 자녀의 성장을 촉진하는 것, 이 사회가 받아들일 수 있는 아이로 키우려는 관심에서 비롯된다. 이 과정에서 어머니는 자녀와 자신을 동일시하는데, 그럼으로써 아이가 겪는 무수한 불규칙적인 변화들에 맞춰 자신의 감정을 조절할 것을 요구받는다. 이는 특정한 감정의 수행 없이는 불가능하다.

보살핌은 활동일 뿐만 아니라 이를 뒷받침해줄 수 있는 기질을 포함한다. 이러한 어머니로서의 기질, 즉 모성은 여성의 '본성'으로 간주되어왔지만 앞에서도 이야기했듯 모성 또한 특정한 모성 이데올로기의 결과일 뿐이다. 즉 보살피는 기질과 성향은 본성이 아니라 특정한 모성애가 발휘될 것을 기대하는 주변의 요구에 의해 학습된 감정적 관리인 것이다. 이때의 감정 노동은 노동으로 평가받는 것이 아니라 일종의 도리와 의무로 여겨진다. 따라서 그것은 자발적이라기보다는 사회적·구조적으로 은연중에 강제된다는 점에서 소외된 감정 노동의 형태를 띤다. 그리고 이는 여성과 남성의 관계를 넘어, 강자와 약자 간에 갈등이 생겼을 때 약자가 당연히 수행해야 한다고 여겨지는 자발적 복종의 구조를 대표한다고 볼 수 있을 것이다.

노동의 소외는 마르크스 이론에서 등장한 개념이다. 마르크스는 노동자가 온전한 인간이 아니라 일손 또는 도구로 여겨진다는 점, 노동을 하는 타인들이 무엇을 생각하며 그 일에서 무엇을 느끼는지는 관심 밖으로 여겨진다는 점, 따라서 주관적 노동의 조건이 노동 과정이나 노동의 산물과 분리된다는 점을 들어 노동의 소외에 대해 이야기했다.

5. 키 165cm 이상, 몸무게 50kg 이하만 지원 가능

성별에 따른 노동 자격조건을 연구한 학자 애드킨스Lisa Adkins
는 호텔과 놀이공원에 근무하는 여성과 남성을 비교해서 섹슈얼
리티와 고용 사이의 관계를 논의했다. 그는 남녀의 근무 조건과
업무의 종류를 비교함으로써 여성의 성적 매력이 직업을 얻을 수
있는 조건이자 그 일을 계속할 수 있는 조건임을 보여주었다. 예
를 들어 놀이공원에서 여성이 일하는 분야는 직업적 자질과 상관
없이 단순히 여성의 일로 간주되는 반면 남성이 종사하는 분야는
물리적 힘이라는 직업적 특성이 요구된다. 직업적 자질이 요구되
지 않는 '여성의 일'에서 중심은 외모와 성적 매력이다. 여성들의
성적 매력은 해고의 요건이 되기도 하는데, 여성 카지노 딜러들은
목선이 깊이 파인 블라우스와 미니스커트를 입어야만 한다. 여성
들을 요구하는 직종에서 성적 매력과 외모 외에 그 직업을 수행하
는 데 필요한 자질들이 명시적으로 언급되지 않는 것은, 결국 여
성들의 일과 관련된 다양한 기술을 드러나지 않게 함으로써 여성
들이 성적 매력 외에 다른 식의 자원을 계발할 기회와 권리를 구
조적으로 제한한다.

여성들이 선호하는 직업 중 하나인 항공 승무원의 남녀 자격 요
건을 비교해보자. 여승무원의 업무는 승객들이 비행시간을 편안
히 보내게 하는 기내 서비스로, 가장 중요한 임무의 하나는 비상
시 승객들을 안심시켜 신속하고 안전하게 탈출시키는 것이다. 이
를 위해 여승무원에게는 밝은 인상, 영어회화 능력, 건강 등이 요

1996년 애드킨스가 조사한 바에 따르면 G호텔이 여직원과 남직원에게 각각 명시한 외모에 대한 매뉴얼은 다음과 같았다. 여성 : 7시 도착. 유니폼으로 갈아입을 것 유니폼은 네이비블루 치마에 흰색이나 파란색 블라우스, 짙은 남색 구두. 머리는 단정하게, 스타킹은 자연스러운 색으로, 스타킹과 구두는 잘 관리할 것 최소한의 장신구만 가능함. 전체적으로 매력적이고 깨끗하며 상큼해 보일 것 남성 : 7시 도착. 유니폼으로 갈아입을 것 유니폼은 네이비블루 바지, 흰색 셔츠, 네이비블루 재킷 신발과 양말은 검정색이나 네이비블루. 이렇듯 비슷한 일을 하는 여성과 남성에게 외모와 관련해서는 다른 자질과 기준을 요구하는 것은 남성과 여성에게 다른 식의 자원을 계발하라는 요구로 볼 수 있다.

항공 여승무원

구된다. 그런데 국내 한 항공사에서는 이 외에도 신체 조건을 정한 '적정 체중표'를 제시한다. 이 표에 따르면 여승무원의 키가 165센티미터일 때 적정 체중은 53.5킬로그램이다. 적정 체중을 기준으로 +4킬로그램, -4킬로그램까지 허용되며, 기준을 넘기면 비행 자격이 정지되기도 한다. 반면 국내의 대표 항공사 두 곳의 남성 승무원 모집 조건은 키 170cm 이상, 교정시력 1.0 이상이다. 실제 승무원으로 일하고 있는 남성들은 남성 승무원에게 외모보다는 어떠한 상황에서도 고객을 즐겁게 해줄 수 있는 서비스 자질이 우선적으로 요구된다고 말한다.

한편 국외 항공사의 경우 케세이퍼시픽 등 일부 항공사를 제외하면 승무원의 몸무게에 관한 특별한 규정이 없다. 루프트한자와 아랍에미레이트는 여승무원 채용 연령을 만 30세까지로 제한하기도 하지만 에어캐나다의 경우 나이 든 여승무원이 드물지 않다. 기내 서비스 업무가 젊고 날씬한 여성만 담당할 수 있는 일이 아님에도 굳이 이러한 여성들만 기내 서비스를 담당하는 현실은 항공 여승무원의 '서비스' 업무의 핵심이 무엇(외모와 젊음)인지를 보여준다 하겠다.

이처럼 근대 사회에서 임금 노동에 요구되는 자격 조건은 성별에 따라 다르다. 여성들이 노동 시장에서 불이익을 당하는 것은 여성의 노동 가운데 상당수가 남성들에게는 적용되지 않는 특별한 형태의 성적 노동과 연관되기 때문이다. 다시 말해 노동을 위

해 교환할 수 있는 자격 요건과 교환을 위해 필요하다고 생각되는 능력이 성별화되어 있다. 남성들에게는 그들이 맡은 일의 일부로서 성적 · 신체적 자아를 유지하고 생산할 것이 일차 요건으로 요구되지 않는다. 하지만 여성들에게는 그것이 일차 요건으로 요구되며, 이는 자연스럽게 여성들의 근무 연수를 단축하는 장치가 된다. 여성 서비스 업무의 핵심 요건인 젊음과 미모는 평생 지속될 수 없기 때문이다.

여성의 시각으로 보기

외모가 아니라 실력으로 일하는 여성들

KTX 열차 여승무원들은 한국철도공사의 직접 고용을 요구하며 2006년 초부터 파업에 돌입했다. 이들의 요구는 정당한 것일까? KTX 문제의 본질은 무엇일까? KTX가 개통되면서 채용된 여승무원들은 1년 고용 후 정규직 전환과 준공무원 대우를 구두로 약속받았다. 그 약속을 믿고 이들은 한국철도공사의 자회사인 '홍익회' 소속 직원으로 일해왔다. 그러나 1년이 지나고도 KTX는 여승무원들을 한국철도공사 직접 고용으로 전환하지 않았고 여승무원들은 이에 반발하며 기나긴 파업을 시작했다. 300여 일의 파업 후, 이철 한국철도공사 사장은 KTX의 자회사인 '한국관광레저'의 정규직으로 이들을 채용하겠다고 발표했다. 그러나 여승무원들은 차라리 철도공사의 비정규직이 더 낫다며 한국관광레저의 정규직을 거부하고 있다.

언뜻 보기에는 정규직을 보장해주겠다는데도 왜 파업을 계속하는지 납득이 가지 않는다. 그러나 요구의 핵심은 직접 고용과 간접 고용의 차이에 있다. 직접 고용은 사용주와 고용주가 일치하는 것이고 간접 고용은 사용주와 고용주가 일치하는 것과 일치하지 않는 것으로 나뉜다. 여승무원들의 고용 방식은 한국철도공사가 아닌 '홍익회'가 이들에 대한 사용주이자 고용주가 되는 형식의 간접 고용이었다. 이것이 합법적인 간접 고용이 되려면 여승무원들은 함께 일하는 한국철도공사 소속의 남성 열차팀장의 업무 감독과 지시를 받지 않아야 한다. 그러나 업무 특성상 열차팀장과 여승무원들은 상시적으로 긴밀하게 연결될 수밖에 없었고 실제로 여승무원들은 열차팀장의 업무 지시와 감독하에 일을 해왔다. 결국 한국철도공사가 여승무원들을 홍익회라는 자회사에 외주 위탁한 것은 불법 간접 고용인 셈이다. 게다가 여성으로만 구성된 승무원의 100퍼센트를 외주 위탁이라는 간접 고용 형태로 채용했다는 것은 성차별의 소지를 가지고 있다.

한국철도공사가 내놓은 타협점은 한국관광레저라는 새로운 자회사에 이들을 정규직으로 취직시켜주겠다는 것인데, 이에 대해서는 정규직과 비정규직의 구분 이전에 직접 고용과 간접 고용의 구분을 먼저 생각해야 한다. 직접 고용 안에도 정규직과 비정규직이 존재하고 간접 고용 안에도 정규직과 비정규직이 존재하기 때문이다. 그런데 현실적으로 간접 고용의 정규직은 직접 고용의 비정규직보다 훨씬 열악한 근로 형태에 속한다. 이들은 법적으로 보호받을 장치가 거의 없으며 사용주가 업무를 위탁하지 않을 시 어떤 보장도 없이 일자리를 잃게 될 수 있다.

고속도로 톨게이트를 지나갈 때면 '통행증을 뽑아주십시오'라는 여성의 목소리가 들린다. 순간 이런 상상을 해본다. 이 음성이 흐느적대는 전인권의 목소리나 허스키한 윤도현의 목소리라면? 아슬아슬한 미니스커트 차림으로 백화점 입구에서 홍보에 열중하는 여성들을 보면 다시 궁금해진다. '한겨울 내레

이터 모델의 치마 길이와 백화점 판매율의 상관관계는 얼마일까?' 자동차 옆에 바짝 붙어 자동차만큼이나 관람객 눈길을 끄는 컴패니언 걸을 보면서 또 이런 엉뚱한 생각을 한다. '기계와 여성들의 거리가 멀다는 성역할 통념을 깨려고 저러는 걸까?'

인터넷 검색창에 '여성 유망 직종'이라는 단어를 치면 대부분의 웹문서에서 공통으로 검색되는 직종이 컴패니언 걸, 텔레마케터 등과 같이 외모와 목소리가 자본인 직종들이다. 자본주의 사회에서는 모든 것이 교환 가능한 자본인데 유독 외모와 목소리가 자본화되는 데 유난을 떠느냐고 반문할 수도 있다. 문제는 여성들에게 유망하다는 그 직종들이 요구하는 외모와 목소리가 '반짝 세일 품목'이라는 데 있다. 소모재일 뿐 지속 가능한 계발의 대상은 아닌 것이다. 컴패니언 걸은 물론 텔레마케터도 30세만 넘으면 취업이 어렵다. 20대까지만 유망하게 살라는 소리일까? 아니면 20대가 지나면 또 다른 여성 유망 직종인 '시간제 근로'로 넘어가라는 소리일까.

여성부와 노동부, 교육인적자원부, 한국직업능력개발원 등은 최근 '여성 유망 직종 100선'을 발표했다. 우주 항공 기술자부터 군인, 경찰 등이 포함된 이 유망 직종 100선은 성별 직종 분리가 해체되는 21세기 여성 노동 시장의 현주소를 보여주는 듯하다. 그러나 몇몇 분야의 '고학력 전문직'을 뺀 직종들은 여성 '유망직'이라기보다는 오히려 여성 '가능직'이 맞다. 2006년에도 대부분의 여성들은 여전히 낮은 보수, 불안정한 고용 상태, 보살핌 노동에 주력한다. 여성들에게는 노동 시장에서의 취업 '가능'이 곧 '유망'인 걸까.

당당하게 이야기하는
우리 사회의 성(性) 이야기

fallen이라는 영어 단어는 주어의 성별에 따라 의미가 달라진다. 주어가 남성일 때는 '전사했다'는 뜻이지만 여성일 때는 '타락했다'는 의미가 된다. 남성과 여성에게 '추락'은 다른 의미인 것이다. 남성에게는 사회적 명예가, 여성에게는 성적 방종이 곧 추락을 의미한다. 언어가 그 사회의 지배적 가치를 집약한다는 점에서 이 단어의 쓰임새는 많은 함의를 품고 있다. 흔히 사회적으로 성적 실천을 평가할 때 여성과 남성에게 다른 기준이 적용됨을 보여주는 것이다.

'당신에게 성관계의 의미는 무엇인가'라는 질문을 던지면 남성들은 대개 '본능, 욕구, 쾌락'과 연결하지만 여성들은 '사랑'과 연결한다. 남성에게 성은 많은 경우 본능적인 욕구의 충족을 의미하지만 여성에게 성은 대부분 '사랑하는 사람 사이에서'라는 전제가 따르는 것이다. 또한 여성에게 성이 연애의 한 과정인 것과

달리 남성은 흔히 성관계가 연애의 '정점'이라고 생각한다. 그래서 연애하는 친구에게 '어디까지 갔냐, 갈 데까지 갔냐'라는 질문을 던지기도 한다. 여기서 '갈 데까지 갔다'는 성관계를 의미한다. 왜 남성들은 성관계를 연애의 정점으로 생각할까? 그렇다면 성관계까지 간 뒤 연애 관계에서 남는 것은 무엇일까?

　이렇듯 남녀가 만나 연애를 하고 성관계를 할 때 두 사람은 각자의 방식으로 성을 경험한다. 남성과 여성에게 성관계가 의미를 띠는 지점이 달라지는 이유는 무엇일까? 흔히 '성'이라고 하면 가장 은밀하고 내적인 사생활이라는 생각을 한다. 그런데 성을 둘러싼 사회적 규칙과 질서 들은 왜 그렇게 많을까? 성은 단순히 '사적'인 문제일까?

1. '성'에 등수를 매겨온 이데올로기의 역사

　　이제 우리는 성을 사회적 산물이라고 인식해야 한다. 인간의 행위들에 의해 의미를 부여받는 것은 다양한 사회적 실천들, 이를테면 사회적 정의definition와 자기 정의 그리고 정의하고 규제하는 권력을 거머쥔 자들과 그에 저항하는 자들이 벌인 투쟁의 결과다. 성이란 이미 주어진 것이 아니라 타협과 투쟁 그리고 인간 주체의 산물이다.

　　　　　　　　　　　　　　　　　　　—제프리 윅스Jeffrey Weeks

　　사람들에게 '바람직한 성관계'와 '바람직하지 않은 성관계'를 꼽아보라고 하면 대개 결혼한 성인들 간의 이성애적 성관계를 가장 바람직한 유형으로 꼽는다. 반면 미성년자나 동성애자 등의 성관계는 대부분 '바람직하지 않은' 성관계로 분류한다. 이러한 성적 위계화는 어떻게 생겨났을까? 미성년자의 성관계가 바람직하지 않다면 몇 살부터 바람직한 걸까? 열아홉 살과 스무 살을 미성년과 성인으로 구분하는 근거는 무엇일까? 그 일 년 사이에 인격과 체격이 급격하게 성장하고 성숙할까?

　　문화권이 다르면 성에 대한 '상식'도 다름을 드러낸 인류학자들은 성적인 것 자체가 본질적으로 존재하는 것이 아니라 특정 사회가 만들어낸 성에 대한 각본이 존재할 뿐임을 보여준다. 결혼이 반드시 이성애적이고 동성애에 대한 금기가 보편적인 것은 아니다. 아프리카의 누어족은 나이 터울이 있는 여자들끼리 혼인을 한

제프리 윅스는 《섹슈얼리티 : 성의 정치》로 잘 알려진 학자로, 학계의 '주변적' 관심사였던 성(性)을 어엿한 학문 주제로 탈바꿈시킨 연구자다. 성과 그것의 사회역사적 맥락을 연구함으로써 성의 사회학이라 불리는 학문 분야를 상정했으며 성적 억압의 구조, 동성애에 대한 인식 등 다방면에 걸쳐 논의를 전개했다.

아프리카 수단의 누어족은 부계 사회로 일부다처제가 기본이다. 누어족은 계층이 명확하기 때문에 상류층에서는 일부다처제지만 중류층에서는 일부일처제이며 하류층에서는 동성끼리 혼인하기도 한다.

다. 또한 남태평양 부족의 성년식이나 고대 그리스의 성인과 미성
년자 간에 맺어진 교육적 관계에 이르기까지 다양한 형태의 제도
화된 동성애가 존재했다. 고대 그리스에서는 남성끼리의 사랑과
성적 욕망이 정상적인 것으로 인정받았는데, 사실 이는 동성애 자
체에 대한 인정이라기보다는 여성의 몸을 비정상으로 취급하는 여
성 비하 문화와 관련된다. 남성에게 아내와의 잠자리는 출산을 위
한 도구로 간주되었고, 아내와 연인 같은 성관계를 맺는 것은 오히
려 '간통' 취급을 받았다. 비정상적인 여성의 몸과 사랑을 나누는
것보다 완벽한 남성의 몸과 사랑을 나누는 것을 권장한 것이다.

동성애적 행위들은 어느 문화에나 존재했지만 '동성애자'에 대
한 범주와 관념이 출현한 것은 19세기 중반 이후부터다. 이때부
터 동성애자는 특별한 인격 유형으로 분류되었고 남들과 다른 특
유의 성심리적 조건을 가진 존재로 구별되었다. 그리고 이는 성과
학자들에 의해 정교하게 다듬어졌다. 동성애자를 특별한 관리와
통제가 필요한 범주로 만들어간 과정은 동성애자와 이성애자 양
쪽을 모두 통제하는 효과를 낳았다. 성적 취향과 태도에 따라 사
람들의 정상성이 판단되기 시작한 것이다. 성은 단순한 쾌락과 욕
구를 뛰어넘어 그 사회가 요구하는 '정상적인' 범주의 인간들을
만들어내기 위한 통제 장치들을 각 개인에게 전달해주는 통로의
역할을 맡기 시작했다.

성에 대한 금기와 질서가 사회를 구성하는 지배적인 원리로 등
장한 것은 근대 국민국가와 민족주의 이념의 출현과 겹친다. '국
민'이나 '민족'이라는 개념과 물적 기반이 생겨나면서 한 사회의

파푸아뉴기니의 삼비
아족은 사내아이가 아홉
살이 되면 집에서 나와 남자들
만 모여 사는 곳에서 열아홉
살이 될 때까지 공동생활을 하
며 동성애적 행위에 동참하게
한다.

모든 촉각은 이 범주를 재생산할 수 있는 안정적인 기반을 마련하는 데 집중되었다. 따라서 국가를 구성하는 3대 요소가 국민, 영토, 주권이듯 성욕이라는 본능을 가진 인간들로 구성된 국민이 계속 유지되기 위해서는 어떤 식의 '성관계'가 바람직하고 합법적이며 정상적인 성인지에 대한 이데올로기가 필요해졌다. 사회가 정한 정상적인 성 이데올로기는 결혼이라는 제도 안에서 자녀의 출생이 목적인 이성 간의 성관계로 좁혀졌고, 그것은 다른 모든 성관계를 물리치고 가장 바람직한 성관계가 되었다. 자녀의 양육 책임을 전부 가족에 떠넘긴 사회에서 가족의 테두리 밖에 있는 성관계가 인정받지 못한 것은 당연했다. 미혼모에 대한 사회적 낙인은 '부적절한 성관계를 한 사람'이라는 낙인과 긴밀하게 연결되었다. 이와 더불어 가족 밖에서의 성관계도 통제 대상이 되어갔다. 혼외 관계, 동성애, 자위 등 출산과 연결되지 않는 성관계는 비정상·비합법적 위치를 점하게 되었다.

다음의 두 그림을 비교해보자. 두 작품은 각각 여성이 성관계와 어떤 식으로 연관을 맺는가에 따라 사회에서 그 인격을 얼마나 다르게 취급했는가를 명확하게 보여준다. 왼쪽 그림의 제목은 〈여성의 습관 혹은 자위행위에 대하여〉인데, 이 그림에 나타난 여성의 모습은 삶의 종착역에 거의 다다른 해골 같은 모습으로 그려졌다. 이는 자위행위를 하는 여성에 대한 사회적 경고의 메시지를 강하게 담고 있다. 여성에게 성관계는 자녀를 출산하기 위한 도구로서의 의미만 인정된 것이다. 출산을 위해서가 아닌 오로지 쾌락을 위한 수단으로 성을 이용하는 여성은 이 그림처럼 강력한 사회적

배우자가 아닌 상대와 성관계를 맺는 것을 처벌하는 우리나라의 간통죄가 이러한 통제에 해당한다. 미혼모에 대한 사회적 낙인 역시 혼인 관계에서 낳은 아이만 법적으로 인정하는 호주제를 통해 통제되는 것으로 제도화되었는데, 이제는 호주제가 폐지되어 혼인 관계가 아닌 상태에서 자녀를 출산하고 싶은 여성들이 아이에게 자신의 성을 붙여줄 수 있게 되었다.

〈여성의 습관 혹은 자위행위에 대하여〉(왼쪽), 〈마리 앙투아네트와 자녀들〉(오른쪽)

비난과 금기의 대상이 되었다. 한편 오른쪽의 그림 〈마리 앙투아네트와 자녀들〉에 나타난 여성은 우아하고 편안하며 풍족해 보인다. 앙투아네트를 둘러싼 아이들은 그녀가 가정 내에서 출산을 목적으로 하는 남편과의 성관계와 연관되어 있다는 일종의 '증거'다. 이처럼 섹슈얼리티는 '정상적 사회 구성원의 재생산'이라는 가치와의 연관 속에서 위계화되기 시작했다. '강인한 남성'과 '정숙한 여성'이 최고의 남성성과 여성성을 의미한 것이다.

한편 통제의 대상인 성관계는 의학과 과학의 이름으로 '질병'처럼 간주되기 시작한다. 동성애는 에이즈와 연결되기 시작했고 도착과 변태라는 성적 범주도 새롭게 등장했다. 에이즈에 대한 명확한 원인이 규명되지 않은 지금도 에이즈는 '게이 돌림병'이라는 이름으로 강하게 인식된다. 그리고 '비정상적인 성'으로 이름 붙여진 성관계를 하는 사람들은 단순히 일탈된 성적 쾌락을 추구하는 사람이라는 수준을 넘어 국가와 민족의 재생산에 대한 위협으로까지 분류되었다. 일탈된 성은 국가에 대한 음모와 동일시되기도 했는데 실제로 영국은 1861년까지, 스코틀랜드는 1889년까지 동성애자 사형 제도가 실시되었다.

마찬가지로 적극적이고 강한 여성의 성적 쾌락 추구도 사회의 위협으로 인식되었다. 우리나라 또한 급속한 근대화 과정에서 여성의 '탈성화(脫性化)'와 '모성화' 작업이 이루어져, 여성의 성적 자유는 '방

15세기에 남성끼리 성관계를 맺은 죄로 화형당하는 동성애자들을 표현한 그림

탕'과 동일시되었다. 여성의 성적 쾌락 추구는 민족과 국가의 공공의 적이자 국가와 사회의 불안 요인이었다. 근대화 초기에 등장한 신여성과 신남성을 바라보는 태도는 사뭇 달랐는데, 둘 다 자유연애와 구시대 혼인 풍속 타파를 외쳤으나 신여성과 신남성에게 적용된 사회적 기준은 이중적이었다. 신남성에게는 전통적인 여성과의 구시대적 혼인과 신여성과의 비공식적 자유연애가 동시에 허용되었다. 하지만 전통적 혼인을 거부하고 자유연애를 택한 신여성들에게 사회는 비난을 퍼부었다.

이러한 사회의 시각은 종종 영화 등의 매체를 통해 표현되는데, 특히 공포 영화는 사회적 통제의 이데올로기를 영화적으로 재현하는 통로가 되기도 한다. 그러한 영화를 접하며 사람들은 그 속에서 파괴되고 제거되는 유형의 사람이 되지 않으려 노력하는 것

《신여성》 1924년 11월호에는 사회주의자 김기진이 신여성 김명순과 김원주의 연애를 비난하는 글이 실렸다. 김명순과 김원주가 문인이던 임노월과 연애한 것에 대해 두 여성을 비난한 내용이었는데, 임노월의 여성편력에 대한 비난은 어디에서도 찾아볼 수 없었다.

이다. 영화 〈해피엔드〉에서 다른 남성과 관계를 맺은 아내를 잔인하게 살해한 남편은 여성의 성욕을 바라보는 사회의 또 다른 시선일지도 모른다. 아내의 마음이 떠난 것을 알았으면 깨끗하게 헤어지고 관계를 정리하면 될 텐데 왜 영화는 관객들을 불편함의 극단으로까지 몰고 가는 파국을 보여줄까? 남편의 마음을 이해하지 못하는 것은 아니면서도 그런 불편함을 느끼는 이유는 달리 생각해보면 여성의 불륜을 너무나 과장된 배신으로 바라보는 우리 사회의 시각을 엿보아서는 아닐지. 그런데 과연 여성들의 성욕이 통제되고 감시와 처벌의 대상이 되듯 남성의 성욕도 그런 대상이 되고 있을까?

2. 자유로운 남성, 조심해야 하는 여성

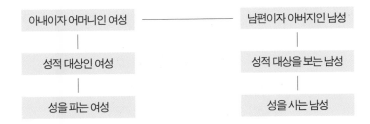

아내이자 어머니인 여성	———————	남편이자 아버지인 남성
성적 대상인 여성		성적 대상을 보는 남성
성을 파는 여성		성을 사는 남성

위의 표를 보면 왼쪽의 여성 범주와 오른쪽의 남성 범주 사이의 차이를 쉽게 확인할 수 있다.

여성은 아내이자 어머니이면서 성적 대상이자 성을 파는 여성이라는 세 가지 범주에 동시에 해당되거나 세 범주 사이를 자유롭게 오고갈 수 있는 경우가 드문 반면(설사 있다 하더라도 사회적인 비난을 감수해야 한다), 남성은 남편이자 아버지이면서 포르노를 보는 남성이자 성을 사는 남성이 한 개인 안에서 자유롭게 오고갈 수 있다. 이 세 가지의 서로 다른 역할은 한 남성 안에서 충돌하지 않는다. 반면 여성의 경우에는 어머니가 될 수 있는 여성과 성을 파는 여성 사이에서 엄격한 구분을 적용받는다.

'더럽다' 라는 형용사는 다양한 경우에 사용된다. 씻지 않았을 때, 정치적 비리와 연루되었을 때, 성적으로 문란할 때 등. 하지만 여성을 '더럽다' 라고 표현할 때는 대개 성적인 행위와 연관될 때다. 반면 남성들은 정치적인 비리, 뇌물 수수 같은 '공적 영역에서의 지위와 역할' 과 관련된 일에서 부적절한 행위를 했을 때 그런 표현의 대상이 된다.

　여성의 성적 욕망이 민족의 적과 동일시되었던 한국 근대화 초
기에는 남성들에게도 이전 시기에 허용되었던 축첩제가 금지되었
다. 국가 경쟁력과 경제력 손실이라는 이유에서였다. 그러나 축첩
제가 금지된 지 얼마 지나지 않은 1904년에 경무사에서 공창제
(국가에서 공식적으로 운영하는 성매매 시장)를 실시하기 시작했
다. 1909년경 2,500여 명의 여성들은 경찰의 관리하에 공창에 종
사하게 되었다. 여성과 남성에게 적용되는 성규범이 공식적으로
동일해짐과 동시에 여성들에게 허용되지 않은 성적 자유가 남성
들에게는 '비공식 영역' 이라는 성매매 공간을 통해 계속 허용된
것이다. 이처럼 제도적으로 뚜렷이 확인할 수 있는 예뿐만 아니
라, 지금까지 살펴보았듯 성적 이중규범은 민족과 국가 개념이 나

타난 이래로 교묘히 모습을 바꾸어가며 늘 존재해왔으며, 현대 사회에서도 이는 여전히 유효하다.

보호해야 하는 성과 공유되는 성

앞의 표에서 맨 위에 있는 여성과 아래에 있는 두 범주의 여성은 이 사회의 '공식적인' 보호망에서 구별된다. 누군가의 아내이자 어머니가 되는 여성의 성은 보호받지만 성을 파는 여성의 성은 공유와 쾌락의 대상이 된다. 이러한 구별은 남성 공동체의 재생산을 위해 보호받아야 하는 몸과 쾌락을 위해 공유되어야 할 몸이라는 이분화를 의미한다. 그런 성적 등급화 문화 속에서는 여성들이 경험한 성적 폭력조차도 등급이 매겨지게 된다. 피해자인 여성이 어떤 여성인가, 가해자인 남성이 어떤 남성인가에 따라 여성의 피해에 등급을 매기는 것이다. 가해 남성이 한국인인가, 미군인가, 일제 강점기의 일본 군인인가에 따라, 혹은 남편인가, 애인인가, 모르는 사람인가에 따라, 그리고 피해 여성이 '순수한' 여대생인지, 성적 전력이 화려한 여성인지, 성매매 여성인지에 따라 그 여성의 피해는 다른 의미를 띤다. 남성 중심 성문화 안에서 여성의 성적 침해는 보호받아야 하는 대상인 여성의 성일 때만 문제가 되는 것이다.

1992년에 기지촌 여성 윤금이 씨가 미군에게 성폭행당한 뒤 잔인하게 살해되자 민족주의 진영의 남성들은 그녀를 갑자기 '민족의 순수한 누이'로 격상시켰다. 성매매 여성임에도 그녀에 대한 성폭력이 문제가 된 것은 가해자가 미군이었기 때문이다. 그 성폭

1992년에 미군 클럽 여종업원인 윤금이 씨를 살해한 혐의로 15년형을 선고받고 복역 중이던 케네스 마클은 지난 2006년 8월 14일에 가석방되어 미국으로 출국했다. 그는 윤금이 씨를 살해한 이듬해 4월 1심 재판에서 무기징역을 선고받았지만 항소심에서 징역 15년형으로 감형되어 대법원에서 형을 확정받았다.

력은 인정받을 만한, 분노의 대상이 될 만한 피해로 승격된 셈이다. 물론 이때의 성폭력이 문제가 된 것은 '침해당할 수 없는 여성 개인의 고유한 성적 권리' 때문이 아니라 민족적 자존심과 분노 때문이었다. 민족주의 시각에서 여성의 성을 바라볼 때는 이렇듯 여성의 성을 개인의 인권 차원이 아닌 민족의 소유물로 인식하며, 이것은 진정으로 여성의 성적 침해를 보호하는 입장이라 할 수 없다.

3. 성폭력으로 만들어지거나 만들어지지 않거나

성폭력에 관한 몇 가지 편견

성폭력은 여성들의 야한 옷차림이 유발하며, 낯선 사람에게만 당하는 일일까? 이 두 가지는 성폭력에 관한 가장 큰 편견이자 성폭력을 문화적으로 재생산하는 장치가 된다. 우선 그런 생각이 사실인지 아닌지부터 알아보자. 여성들의 야한 옷차림이 성폭력을 유발한다면 사계절 가운데 여름에 성폭력 발생 빈도가 가장 높아야 하며, 피해자도 '성욕'을 불러일으킬 만한 20~30대 여성들에 집중되어야 한다. 그러나 성폭력 사건 신고 건수를 살펴보면 성폭력 사건은 사계절 거의 균등하게 발생하며 전체 성폭력 가운데 아동 성폭력의 비율이 30퍼센트에 달한다. 특히 평소 알고 지내던 사람에게 당한 성폭력이 약 77퍼센트이며 그 가운데 11퍼센트는 친족에 의해 이루어지고 있고, 성폭력의 90퍼센트는 사전에 계획된 것으로 밝혀지고 있다.

그렇다면 성폭력은 어떻게 정의할 수 있을까? 일단 폭력에 대한 정의부터 시작해보자. 폭력은 권력의 차이에 의해 누군가의 일방적 의지가 상대에게 관철되는 것으로 개인 간, 개인과 집단 간, 집단과 집단 간에 발생할 수 있다. 따라서 성폭력은 권력의 차이를 이용하여 성적인 것이 개입된 자신의 의지를 누군가가 일방적으로 관철하는 행위로 볼 수 있다. 여성들에게 성폭력이 가해질 때에는 '성적 수치심'으로 상대방을 쉽게 제압하거나 무력하게 만들 수 있다는 문화적 전제가 깔린다. '가슴이 빵빵하네'라고 말하거나 엉덩이를 만지는 행위, 여자 앞에서 대놓고 포르노 잡지를 보는 행위 등은 정말 그 여자의 가슴이 빵빵해서 그 사실을 알려주고 싶다거나 엉덩이를 진심으로 만지고 싶어서가 아니며 꼭 그 자리에서 포르노 잡지가 죽을 만큼 보고 싶어서도 아니다. 그는 그러한 행위가 상대방에게 어떠한 모욕감을 줄지 충분히 알고 있으며, 그것을 정확하게 이용함으로써 자신의 권력을 확인받고 싶은 것이다.

공적 관계에서 성폭력은 노동권에 대한 위협으로 작용하기도 한다. 비정규직 여성들은 재계약을 앞두고 자신의 인사권을 가진 직장 상사에게서 재계약 여부를 빌미로 원치 않는 성적 접촉을 요구받기도 한다. 서비스업에 종사하는 여성들의 주요 업무 중 하나는 고객의 성희롱에 적절하게, 즉 고객의 기분이 상하지 않게 대처하는 것이며 이를 수행하지 못하는 것은 해고 사유가 될 수도 있다. 하지만 서비스업에 종사하는 남성에게 고객의 성희롱에 적절하게 대처하는 것이 주요 업무로 인식되는 일은 거의 없다. 이처럼 여성이 남성보다 성폭력에 더 많이 노출된다는 사실은 여성이 일터에서 자신의 근무 환경을 침해받을 일이 많고, 다른 식의 업무 능력을 기를 기회 또한 차단당할 비율이 높음을 의미한다.

그런데 성폭력은 다른 폭력과는 달리 '폭력' 보다는 '성'에 초점이 맞추어진다. 당연히 피해자는 폭력의 피해자라는 면보다는 '부적절한 섹스'를 경험한 사람으로 부각되기 쉽다. 성폭력을 바라보는 이러한 관점은 피해자가 제대로 피해 사실을 밝힐 수 없게 만들어, 현재 우리나라의 성폭력 신고율은 2~6퍼센트에 불과하다. 반면 미국의 경우 성폭력 신고율은 54퍼센트에 달하는데 이는 그 사회가 성폭력을 어떻게 바라보는지에 관한 문화적 시선의 차이를 보여준다. 우리나라에서 성폭력은 성욕이 남성의 불가피한 본능이라는 편견과 연결되면서 피해자가 그 원인을 제공했다는 결론으로 이어진다. "왜 그렇게 늦은 시각까지 돌아다녔니", "옷을 왜 그렇게 입었니" 등 사건의 원인은 가해자보다는 피해자의 당시 상황에 집중될 때가 많다.

2004년에 밀양에서 일어난 여중생 집단 성폭력 사건을 기억하는지. 여중생 자매와 친구를 고등학교 폭력조직 41명이 1년간 집단 성폭행한 것이 뒤늦게 밝혀져 충격을 준 사건이었다. 1년이라는 긴 기간 동안 피해자들이 침묵한 데는 이와 같은 성폭력을 둘러싼 문화가 놓여 있었다. 경찰은 수사 과정에서 조사받으러 나온 여학생들에게 "(너희들이) 밀양 물 다 흐려놨다"며 피해자를 밀양의 명예를 훼손한 '가해자'로 둔갑시켰다. 이런 상황을 볼 때, 성폭력당한 여성을 남편과 아버지와 형제가 하나 되어 '가문의 수치'라며 살해할 수 있는 일부 이슬람 사회와 대한민국은 과연 얼마나 다를까?

이처럼 여성에 대한 성폭력을 바라보는 관점은 본말이 뒤집히는 경우가 종종 있다. 가해자를 슬그머니 지워버리고 피해자에게 원인을 제공했다며 책임을 묻는 것, 성폭력을 여성의 부적절한 '섹스' 문제로 환원하는 것, 성폭력 피해 사실을 그 여성이 속한 집단의 도덕성 상실과 연결해 피해 여성이 '수치심'을 느끼게 하는 것. 여중생들이 1년이나 입을 다문 이유는 무엇일까. 바로 이처럼, 자신들에게 찍힐 낙인에 대한 두려움 때문이 아니었을까. 이런 점에서 성폭력을 둘러싼 성적 낙인의 문화를 만든 사람들은 모두 공범자다.

외면당하고 비난받는 피해자들

여성들에 대한 성적 침해를 등급화하는 가부장적 문화 속에서 성적 침해를 당한 여성들은 자신의 피해를 성폭력으로 인정받기 위해 이 사회의 몇몇 피해자 각본에 맞추어 자신의 피해 사실을 재구성해야 한다. 그러다 보니 많은 피해 여성들은 자신들이 실제 경험한 성폭력과 사람들 앞에서 이야기하는 성폭력 경험 사이에서 불일치를 겪는다. 자신이 경험한 성폭력이 그대로 이해되거나 인정받을 수 없는 상황은 이들이 성폭력을 진술하는 과정에서 2차 피해를 만들어낸다. 일본군 위안부들이 자신들과 성매매 여성들이 연장선상에 놓이는 것을 부정하면서 그들과 자신들 사이에

확실한 금을 긋고 싶어 하는 것은, 가부장적 성적 등급화가 부여하는 낙인을 피하고 싶은 욕망에서 나온 것이다. 성폭력 피해자 여성이 당한 성폭력을 웬만해서는 '폭력'으로 보지 않는 가부장제 맥락에서 성폭력을 당한 여성들은 자신이 당한 것이 가부장제가 인정해줄 만한 성폭력이었음을 증명해야 한다.

가부장제가 만든 성폭력 등급에서 자신이 꽤 높은 등급의 성폭력을 당했음을 증명해내지 못하면 그녀가 당한 것은 폭력이 아닌 '섹스'로 간주된다. 그리고 그녀는 폭력의 피해자가 아닌 '더럽혀진 여자'로 분류된다. 그래서 성폭력을 당한 여성들이 두려워하는 것은 그 경험 자체를 넘어 성폭력 사실이 밝혀진 뒤의 상황이다. 어느 정도의 불가항력이었는지, 얼마나 저항했는지, 상대방이 얼마나 강제적이었는지를 피해자가 입증해야만 하는 문화에서 여성들은 자신이 최대한 피해자로 보일 수 있는 전략을 사용하게 된다. 가부장제가 마련해놓은 몇몇 '피해자 모델'에 자신을 끼워 맞추기 위한 '피해자화' 작업이 시작되는 것이다.

위안부 생존자들은 전쟁이 끝나고도 차마 조선 땅으로 돌아오지 못했고, 돌아온 이들은 쉬쉬하며 죄인처럼 살았다. 그들이 가족에게 돌아가지 못하고 결혼할 꿈도 꾸지 못한 것, 이는 바로 한국 내 가부장제의 폭력적 문화 때문이었다. 그리고 역설적으로 민족주의 담론이 정신대 문제를 강하게 붙잡기 시작하면서 위안부 생존자들은 '순수한 피해자'로 다시 태어나게 되었다. 일종의 '민족주의적 세탁'이 이루어진 셈이다.

민족의 자존심과 여성의 인권―위안부 문제를 바라보는 우리의 시각

식민지 조선에서 강제로 일본에 끌려간 위안부의 존재는 이제 교과서에 실릴 정도로 역사적 문제가 되었다. 몇 년 전 한 여배우가 위안부를 소재로 화보집을 냈다가 한동안 방송에서 퇴출되었을 정도로 한국에서 위안부 문제는 예민한 사안이다. 그런데 사람들이 위안부 문제를 비판적으로 바라보는 이유는 무엇일까? 위안부였던 개개인의 고통에 대한 공감 때문일까, 식민지 역사에 대한 민족적 분노 때문일까? 아니면 여성의 성이 강제로 동원되어야 했던 것에 대한 비판일까?

많은 사람이 즐겨 부르는 노래 〈남자는 배, 여자는 항구〉는 남자와 여자에 대한 무서운 은유를 담고 있다. 남자는 여자를 쉽게 떠날 수 있는 배와 같은 존재이고, 여자는 하염없이 남자를 기다리는 망부석 같은 항구라는 커다란 은유가 담긴 것이다. 배는 어디든 갈 수 있고 스스로 움직일 수 있는 '동적'인 존재지만 항구는 늘 그 자리에 있을 수밖에 없는 '수동적'인 존재다. 이 외에 우리가 잘 아는 속담에도 이런 은유는 존재한다. '남자는 씨, 여자는 밭'이라는 속담 속에도 여자는 씨에 의해 그 성격이 규정되는 피동적인 '밭'과 같은 존재이고 남자는 스스로 자신을 변화시키며 곡식이 될 수 있는 동적인 존재라는 뜻이 담겨 있다.

근대 국민 국가가 시작되면서 국가를 성립하는 3대 요소로 영토, 주권, 국민이 부각되었다. 이 가운데 가장 중요한 요소는 국가를 재생산할 국민이었다. 여성의 출산이 개인 차원의 출산을 넘어

국가를 유지 · 재생산하는 정치적 · 공적 의미를 띠는 이유도 여기에 있다. 그래서 역사적으로 여성의 몸은 개별 여성의 몸이라는 의미를 넘어 국가와 민족의 상징적 '토대'로서의 의미를 가져왔다. 여성의 몸이 상징적 '영토'가 된 셈이다. 이에 따라 역사적으로 국가와 민족 간의 무력 충돌이 발생할 때 피침략국 여성들의 몸은 침략국에 의해 강제로 '침범' 당해왔다. '위안부'의 역사는 비단 일제 식민지 시대, 조선과 일본 간의 문제만은 아니었다. 보스니아 내전에서도 그런 일은 벌어졌으며, 이라크 전쟁 등 현재도 진행 중인 각국의 크고 작은 전쟁 속에서 여성들의 몸은 영토의 상징으로서 침해의 대상이 되고 있다. 즉 그 나라 여성들의 몸을 침해하는 것은 곧 그 나라의 영토를 침해하는 것과 같은 의미였던 것이다. 국가 간의 무력 충돌이 있을 때마다 그 나라 여성들의 성이 침해당한 것은 이런 맥락에서다.

　위안부 문제를 비판할 때 생각해보아야 할 점은 그 비판의 근거가 여성들의 성적 인권 침해에 대한 분노인지, 아니면 민족적 자존심의 훼손으로 인한 분노인지에 관한 것이다. 민족적 자존심 측면에서 위안부 문제를 바라보는 것은 자칫 '민족의 고유한 재산'으로서 여성의 몸이 침해당한 것에 대한 분노로 이어질 수 있다. 이러한 민족주의적 시각은 국가 간의 충돌 시 여성의 성과 몸을 민족과 국가의 재산이자 소유물로 인식하여 침해한 제국주의의 시각과 유사하다. 따라서 위안부 문제는 여성의 성을 강제로 동원할 수 있는 대상으로 바라보는 성차별 문제와 식민지 시대 하위 계급 출신 여성들이 동원된 계급의 문제, 조선과 일본 제국주의 사이의 식민지 문제 등이 복합적으로 얽혀 발생한 문제로 보아야 한다.

4. '무조건'보다 '왜'를 생각하다―성매매

　2004년 9월 23일, 성매매특별법(성매매방지법)이 시행되었다. 이 법은 단순히 새로운 법적 처벌 조항을 만들어내는 데 그치지 않고, 성매매 자체가 사회에서 근절될 수 있게 사회적 기반을 마련하려는 취지의 개혁이라 할 수 있었다. 그러자 성매매특별법을 둘러싸고 한국 사회에는 성매매에 대한 많은 말들이 쏟아지기 시작했다. 성매매와 다양한 방식으로 이해관계를 구축하고 있던 갖가

위안부로 동원된 여성들 중 상당수는 취업을 희망하는 여성들을 모집한 직업소개소나 소개업자에 의해 모집되었다. 또 일제가 공공연히 매춘을 인정하고 공권력이 감독·관리하는 공창 제도를 받아들인 뒤부터는 부모나 남편 등 친족에 의한 여성 매매, 즉 인신매매가 가능해졌는데, 이런 배경에서 가난한 집안의 여성들은 가족을 위해 팔려가기도 했으리라 추정할 수 있다.

성매매특별법은 성매매를 방지하고, 성매매 피해자 및 성을 파는 행위를 한 자의 보호와 자립을 지원하기 위해 시행된 법이다. 여성에게 성매매를 강요한 업주는 이전까지 '5년 이하의 징역 또는 1,500만 원 이하의 벌금'에 처해졌으나 성매매특별법 이후로는 '10년 이하의 징역 또는 1억 원 이하의 벌금'이라는 중형에 처해지게 되었다. 그 외에도 성매매 업주에 대한 처벌을 강화했으며, 성매매와 관련된 채권은 '계약의 형식이나 명목에 관계없이 무효로 한다'고 규정했다. 또한 '성매매 피해자는 처벌하지 않는다'는 규정을 만들어 성매매 여성이 처벌을 면할 수 있는 길을 열어놓았다.

지 사회 세력들이 모습을 드러내는 순간이었다. 여기에는 성매매를 여성의 성과 몸에 대한 착취로 이해하며 이를 비판하는 목소리도 있었고, 성매매라는 비공식 지하경제에 기대 살아온 일련의 사람들이 성매매 '불가피성'을 주장하는 목소리도 있었다. 게다가 이제껏 한국 사회에서 공식적으로 등장하지 못했던 성매매 노동권을 주장하는 '권리 담론'이 시작되었다. 이 권리 담론의 중심에는 성매매 당사자 여성이 서 있었다. 성매매 여성들은 2005년의 세계여성학대회와 같은 해 서울 올림픽공원에서 열린 성노동자대회에서 성매매는 일종의 노동이며, 자신들은 노동을 하는 노동자임을 '공식적으로' 발언했다. 이렇듯 노동으로 그리고 노동자로서 권리를 보장받으려는 이들의 목소리는 기존 한국 사회 성매매 담론의 지형을 급격하게 바꾸어놓기 시작했다.

성은 사고파는 상품이 아니다

성매매방지법이 시행되고 성매매 여성들이 '성노동권'을 인정하라는 목소리를 내기 시작하자 한국 사회의 성매매 담론은 성노동과 성매매 근절이라는 이분법적인 구도로 접어들었다. 성매매를 비판하고 근절하려는 움직임은 성매매가 개별 남성과 여성 사이의 '거래' 차원의 문제가 아니라 여성을 성적 대상으로 보는 가부장적 전제와 여성 노동 시장의 구조적 문제, 빈곤 등이 결합된 구조화된 여성 억압의 총체적 문제라는 시각에 기반을 두고 있다.

성매매 여성도
노동자로 인정해
달라!

합법화

즉 성을 파는 개별적인 여성이 있는 것이 아니라 여성의 성이 사고 팔리는 상품이 될 수 있게 하는 의미 구조가 존재하는 것이다. 예를 들어 중국의 개혁개방 이전과 이후를 비교해보자. 개혁개방 이전, 중국에서 주택은 사고팔 수 있는 상품이 아니라 국가에서 개인에게 보급해주는 대상이었다. 그러나 개혁개방이 시작되고 시장경제를 도입하면서 주택은 사고파는 상품이 되었다. 어떤 것이든 처음부터 사고파는 상품으로 존재하지는 않는다. 어떤 대상이 거래되려면 그것을 사고팔 수 있는 것으로 이해하는 의미와 문화 구조가 필요하다. 여성의 몸이 거래될 수 있는 것은 그것이 처음부터 거래 가능한 상품이기 때문이 아니라 여성의 몸을 거래 가능한 것으로 만드는 문화 구조가 존재하기 때문이다. 그런데 여성의 몸이 거래될 수 있는 시장이 넓게 존재하는 것과 대조적으로 여성이 노동 시장에서 합법적으로 일할 수 있는 일자리는 비정규직, 임시직, 저임금직, 주변부직에 집중되어 있다. 여성들의 성매매는 이러한 노동 시장의 문제 속에 놓여 있다.

여성의 몸이 거래 대상이 되는 문화 구조와 노동 시장에 존재하는 성 불평등은 '왜 성매매 공급자의 90퍼센트 이상은 여성이며 수요자의 90퍼센트 이상은 남성인가'라는 질문에 대한 답이 될 수 있을 것이다. 그리고 이때 성매매의 공급자와 수요자에 대한 사회적 평가와 낙인은 다르게 작동된다. 자원으로서 여성의 섹슈얼리티, 그리고 여성과 남성, 여성과 여성 사이에 존재하는 이중적 성 규범은 '사는 남성'과 '파는 여성'이라는 성별 분업 속에서 성매매의 위치를 결정짓는다. 그리고 '성매매는 필요악'이라고 규정하는 사회는 주로 '사는 남성'이 아닌 '파는 여성'에게 낙인을 찍는다.

성매매를 일컫는 용어의 역사적 변천 과정은 이런 시각의 변화를 보여준다. 제일 처음 사용된 '윤락(淪落)'이라는 단어는 윤리가 땅에 떨어졌다는 의미로 성을 파는 여성의 행위에 대한 사회적 평가가 포함되어 있다. 이와 비슷한 시기에 사용된 '매춘'은 성을 판다는 뜻으로 사는 남성이 아니라 파는 여성을 부각한 용어다. 윤락과 매춘이라는 단어는 공통적으로 성을 파는 여성에 집중한 표현이다. 남성이 성을 사는 행위는 공식(가정) 또는 비공식(성매매) 성행위를 모두 허용하는 성적 이중규범에 따라 정상적인 것으로 간주되었다. 반면 여성은 사적으로 성적 실천을 하는 것과 공적으로 성을 거래하는 것 사이의 이분법과 후자에 대한 비판이라는 성적 이중규범의 관할을 받는다.

즉 가부장제 사회는 성을 파는 여성과 성을 팔지 않는 여성 사이의 구분과 위계, 낙인의 체계를 가지지만 성을 사는 남성과 성을 사지 않는 남성 사이의 구분을 부각하지는 않는다. 사는 남성은 주체할 수 없는 강한 성욕을 지닌 정상적인 남성으로 이해되지만 파는 여성은 '정상적인 여성'의 범주에서 추방당하는 것이다. 이러한 용어에 문제의식을 느끼면서 나온 것이 성산업, 성매매라는 단어다. 이는 기존 용어의 비대칭성을 비판하면서 성을 사고파는 행위를 동시에 드러내고, 이것이 단지 개인들 사이의 사적 거래가 아니라 그 사회의 문화 및 산업 구조 등이 복합적으로 결합된 사회적 문제라는 의식의 변화가 반영된 표현이다. 이처럼 성매매를 지칭하는 용어의 변천은 성매매를 바라보는 사회적 관점의 변화라 할 수 있다.

급진적인 여성주의 입장에서는 성매매를 성립시키는 것 자체가 남성에 비해 여성이 상대적으로 종속적인 위치에 있다는 전제 없이는 불가능하다는 점에서 성매매를 비판한다. 위에서 설명한 비대칭적 성별 구조 속에서 자유롭게 자신의 성을 파는 여성은 성립될 수 없다는 것이다. 따라서 성매매 여성의 선택은 가부장적 구조에서 나온 성별화된 선택이 된다. 그런데 이러한 주장에 맞서 성매매가 엄연한 권리라고 주장하는 목소리들이 있다. 그 중심은 바로 성매매 여성들인데, 그들은 왜 불평등한 사회 구조 속의 성매매를 자신들의 성에 대한 착취로 바라보지 않는 것일까? 다음에서 그들의 주장을 들어보자.

성매매, 누가 판단할 수 있는가

여성주의는 성매매를 여성과 남성 사이, 여성과 여성 사이의 성적 위계를 만들어내는 가부장제와 이 차이를 교환 가능한 자원으로 만들어내는 자본주의에 의해 구성된 사회구조적 문제로 보면서 '비판적'으로 인식해왔다. '성매매는 필요악'이라는 가부장제의 수사에서도 드러나듯이 가부장제 사회는 분명 성매매를 필요로 하면서도 사회적으로 '악'이라는 자리만을 내어주었다. 여성의 인권이라는 여성주의 맥락에서도, 여성의 성적 대상화라는 가부장제의 맥락에서도 성매매 여성들은 의미 있게 자신들을 읽어낼 공간을 가지지 못했다. 이는 성매매와 성매매 여성이 동의어가 아니라는 데서 발생하는 문제인 것이다. 자신을 '성노동자'로 명명하는 여성들 앞에서 그 목소리를 포주와의 결탁에 따른 강요된 목소리라고 단정하거나, 반대로 실제로 성매매를 하는 당사자의 발언이니까 무조건 받아들이자고 말하기에 앞서 던져보아야 할 질문이 있다. 단 한 번도 이 사회에서 의미 있는 정체성을 갖지 못한, 자신을 존중할 만한 어떤 미사여구도 달아본 적 없는 성매매 여성이, 바로 자신을 모든 사람에게서 혐오스러운 존재로 낙인찍히게 한 성매매에 노동이라는 단어를 연결하기 시작했을 때 그것은 그들에게 어떤 변화를 의미할까?

성매매 문제는 '사회 구조'로만 환원해 생각할 수도, '개인의 자율적 선택'으로만 생각할 수도 없다. 다시 말해 성매매를 둘러싼 문제들은 '구조로서의 성매매'와 '구조 안의 개인인 성매매 여성'이 만나서 만들어내는 의도되지 않은 다양한 사회적 경향들 속에서 논의되고 이해되어야 한다.

전 세계적으로 성매매 문제를 여성에 대한 성적 대상화와 상품화라는 기존 논의를 넘어 다르게 바라보게 된 계기는 다음과 같은 몇몇 사건들에 의해서였다. 1979년에 성산업 내에서의 여성 주체성과 행위성을 인정하는 성노동자sex worker라는 용어가 성매매 여성의 권리를 위한 그룹인 코요테에 의해 만들어졌고, 1997년에 타이완에서는 성매매를 할 수 있다는 자격증을 받은 여성, 즉 라이선스 성매매 여성들이 성매매를 불법화하려는 정부의 움직임에 맞섬으로써 여성들의 성적 결정권을 사회적 화두로 제시했다. 이를 통해 성매매가 노동으로 인정되고 일의 환경 또한 개선되려는 움직임이 보이자, 페미니스트들은 기존과는 다르게 성

코요테는 '성매매 금지주의'에 반대하며 성매매 여성 권리 운동을 벌이고 있는 미국 내 단체다. 이와 유사한 단체로 영국의 IUSW, 네덜란드의 홍실, 독일의 히드라, 아르헨티나의 AMMAR, 태국의 임파워, 타이완의 코스와스, 인도의 두르바위원회 등이 있다.

매매 여성들을 바라볼 필요성을 느꼈다. 즉 이전까지는 성매매를 반대하는 것이 페미니스트들의 일관된 입장이었지만 그 중에서 성노동을 인정하자는 목소리가 나오기 시작했고, 성노동 여성들을 연구 대상(성노동자에 대한 진실을 밝혀내려는)이나 갱생 대상(구출된 여자들을 어디로 보낼 것인가)이 아닌 다른 시각으로 바라보기 시작했다. 타이완 라이선스 성매매 여성들의 움직임을 둘러싸고 페미니스트들 사이에서도 논쟁이 일었다. 반(反)성매매 페미니스트들은 여성의 권리를 위해 성산업을 최소화해야 한다고 주장했다. 한편 마르크스주의 페미니스트인 조세핀 호Josephine Ho를 비롯해 성매매 여성들의 권리와 노동을 옹호하는 입장에 선 이들은 성노동자들을 구출되거나 구제되어야 하는 무기력한 피해자로 보는 시각에 반대했다. 그들은 성매매 여성들이 그 일을 수행하면서 남성 고객과의 관계에서 나름의 권력을 행사하고 있다고 보았다.

성매매 여성들의 성노동자화를 지지하는 측에서는 이처럼 성매매 여성의 선택을 모두 사회 구조의 결과로 치부해버리고 그것을 강요에 의한 수동적 선택으로 보는 급진적 여성주의의 입장을 비판한다. 이들은 성매매 근절이나 유지, 변화를 결정할 수 있는 가장 큰 권리는 페미니스트가 아닌 성매매 여성 당사자에게 있다고 주장한다. 성매매 여성 스스로 근절이든 유지든 결정해야 한다고 주장하면서, 성매매 근절 의지를 가진 페미니스트들이 성매매 여성을 무기력한 '피해 대상' 또는 '구제 대상'으로 만드는 것을 비판한 것이다.

조세핀 호는 성매매 여성들이 그 일에서 힘과 통제권을 확보하고 있다는 구체적인 예로 다음과 같은 것들을 들면서 성매매를 의미 있는 '일'로 만들려고 시도했다. 첫째, 성매매 여성들은 몸에 대한 관리권을 가지고 자신의 몸을 일을 위한 도구로 상정하며, 성매매 과정에 대한 나름의 협상과 특화 전략을 실천한다. 둘째, 그들은 담론 차원의 관리, 즉 사회적으로 낙인찍힌 고정관념을 바꾸려는 실천을 한다. 존중할 만한 전문성을 가지는 직업으로 인식하게 하고, 비성매매 여성들과의 경계를 없애는 것이 그런 실천이다. 셋째, 그들은 교환 관계를 관리하는 것, 즉 적은 노력과 덜 위험한 방식으로 이윤을 남길 방안을 모색한다.

이와 같은 근거를 들어 조세핀 호는 성매매의 적극적인 주도권을 페미니스트가 아닌 성매매 여성 당사자가 가져야 함을 주장했다. 즉 어떤 상황에 대한 적극적 협상을 행사하는 능력은 그 행위자가 그 일을 얼마만큼 통제할 권한을 가지는가와 연결되는 것이다.

그러나 한 개인이 어떤 일에 대해 얼마만큼의 적극적인 행위성을 가지는가가 그 일을 하는 자신에 대한 권리와 힘 자체를 의미하지는 않는다. 개인의 행위성은 그 개인이 위치하는 사회 구조와의 관계 속에서 존재한다. 개인의 행위성이 자신에 대한 통제와 자기 결정권이 될지 아니면 자신을 종속적으로 구성하는 것이 될지는 그 행위성이 사회 구조와 만나 일으키는 효과에 좌우된다. 이런 점에서 성매매 여성의 노동자화 또는 성매매 권리를 인정하라고 주장하는 이들의 행위성 논의는 앞의 반성매매 페미니스트들이 성매매를 구조화된 성별 불평등의 문제로 보는 맥락을 통해 비판적으로 되짚어보아야 할 것이다.

성매매 문제를 지속적으로 다루어온 페미니스트 원미혜는 원칙론적이고 결정론적인 성매매 근절론이 여성이 처한 다양한 조건을 돌아보지 못하고 스스로 주체가 될 가능성까지도 근절해버린다고 비판한다. 동시에 그는 성매매 노동론이 스스로 조직을 만들기조차 어려운 조건에 놓인 여성들에게 사회적 책임을 전가한다면 그것은 성매매에서의 부정의(不正義)를 다른 부정의로 대체하는 것일 뿐이라고 주장한다.

성매매 문제를 다루기 위해서는 정답을 캐내려 할 것이 아니라 새로운 물음을 구성해야 하며, '다른 목소리'를 들을 수 있는 방법을 개발해야 한다. 성매매 근절을 주장하는 페미니스트들은 성매매 근절보다 성매매 여성들의 근본적인 인간 욕구 충족을 정치적 목표로 상정할 때 보다 현실적인 이해와 변화를 모색할 수 있을 것이다. 한편 성노동자화를 주장하는 이들은 성매매 문제를 전체 여성의 성적 이중규범과 노동 시장 내 성별 불평등 문제와 맞물린 사회 구조적 문제로 이해해야 한다. 그렇게 했을 때라야 비로소 성매매 여성의 권리와 욕구 충족에 대한 한층 포괄적인 접근이 가능해질 것이다.

여성의 시각으로 보기

원조교제, 보호하거나 처벌하거나

다음 중 원조교제 문제를 해결하기 위해 해야 할 일은?

① 남성 중심 성문화를 비판한다.

② 수요자 처벌을 강화한다.

③ 10대 소녀들의 통금 시간을 제한한다.

답안 중 ③번에 끌린다면, 미안하지만 당신은 '안이한 착각' 속에 빠져 있는 것이다.

원조교제에 대한 사회적 논의 속에서 소녀들은 보호 아니면 처벌이라는 이분법의 틀 안에서 관리된다. 십대를 '보호'할 수 있다는 발상은 남성이 소녀에게 제공하는 '검은 돈'의 위력을 얕보는 데서 비롯된다. 인터넷 대화방에 들어가 '나 십대 여자, 집 나왔어요'라는 제목을 올리면 적어도 30건이 넘는 쪽지가 쏟아질 것이다. 제시 액수도 30~50만 원 등 다양하다. 소녀들은 어른들과의 소통을 포기한 지 오래다. '하지 마라'는 어른들과 '돈 줄게, 하자'는 어른들 사이에서 그들은 이중전략을 키워가고 있다.

타이완의 10대 성매매 소녀들 사이에서 '제2의 어머니'로 불리는 지후이룽 (紀惠容) 씨는 "십대 여성은 보호 대상이 아니라 자기 삶의 주체"라고 주장했다. 그가 운영하는 '희망의 동산 재단'은 타이완 최초로 성매매 소녀들을 위한 쉼터를 개설해 운영하는 민간단체다. 소녀들은 자발적인 선택으로 이 쉼터에 들어온다. 전문가들은 이들에게 서빙과 요리, 출납 등의 업무를 가르친다. 이곳에서 배운 아이들 중 두 명은 직접 식당을 차렸고, 50여 명은 요리사와 종업원으로 취업했다. '내 삶의 권리가 나에게 있다'라는 소박한 진실을 아이들은 '보호'라는 울타리가 아닌, 자율적인 의지로 깨닫는다.

빨간 모자의 진실

옛날 어느 마을에 언제나 예쁜 빨간 모자를 쓰고 다니는 소녀가 있었습니다. 언제나 같은 모자를 썼고, 또 그 모자가 너무나 어울렸기에 소녀는 어느새 사람들에게 빨간 모자로 불리게 되었습니다. 어느 날 빨간 모자의 어머니는 소녀에게 할머니 댁으로 빵과 포도주를 가져다드리라며 심부름을 보냅니다.

빨간 모자는 숲으로 가는 길에 늑대를 만나 늑대의 꼬임에 빠지고 맙니다. 빨간 모자가 꽃밭에 정신이 팔려 노는 동안 늑대는 할머니의 집으로 갔고, 할머니를 한입에 삼켜버리고는 할머니 대신 침대에 누워 있습니다. 늑대는 뒤늦게 도착한 빨간 모자도 한입에 삼켜버립니다. 그러나 근처를 지나던 사냥꾼이 코를 골며 자고 있는 늑대를 보고는 이상하게 생각합니다. 사냥꾼은 늑대의 배를 갈라 할머니와 빨간 모자를 구해주었고 그 뒤로 모두 행복하게 살았답니다.

이는 우리가 어렸을 때 읽은 〈빨간 모자〉의 줄거리로, 실제 원작의 결말은 이것과 다르다. 〈빨간 모자〉는 1697년에 프랑스 작가 샤를 페로Charles Perrault의 동화집에 처음으로 실렸다고 전해지는데, 이 동화집에는 침대 위에 벌거벗은 소녀가 누워 있고 그 위에 늑대가 있는 삽화가 들어 있다. 원작의 내용은 우리가 아는 것과 대부분 비슷하지만 소녀가 늑대의 말에 속아 발가벗고 침대에 같이 누워 늑대의 이빨에 뜯겨 먹힌다는 부분이 차이가 난다. 원작에서 '빨간 모자'는 성적으로 관심을 끄는 복장을 상징하며, 잡아먹히는 것은 강간을 당했다는 의미로 볼 수 있다. 즉 〈빨간 모자〉는 언제나 몸가짐을 조신하게 하고 처녀성을 잃지 않게 조심하라는 교훈이 담긴 동화인 것이다.

이처럼 〈빨간 모자〉에는 여성에 대한 성적 폭력을 바라보는 사

구스타브 도레가 그린 〈빨간 모
자〉 삽화

회의 지배적 시선이 담겨 있다. 성폭력을 여자가 밤늦게 돌아다녀
서, 옷을 야하게 입어서 벌어진 일이라는 식으로 피해자에게 책임
을 전가하거나 가해자보다는 피해자를 더 떠들썩하게 부각하는
오늘날의 시선과 무척 닮아 있지 않은가. 이런 시선 속에서 피해
자는 음지로 숨어든다. 이제 여러분 각자가 이 책을 읽는 동안 느
끼고 생각한 바를 바탕으로 〈빨간 모자〉 안에 담긴 문제를 비판적
으로 해석하는 동화를 써보는 것은 어떨까.

다음은 2005년에 홍익대의 여성학 수업 시간에 학생들이 현대
적 시점에서 〈빨간 모자〉를 바라보고 그것을 여성주의적으로 각
색한 것이다. 관점이 달라질 때 동일한 상황이 어떻게 다르게 보
이는지 느껴보자.

옛날 어느 마을에 언제나 예쁜 빨간 모자를 쓰고 다니는 소녀가 있었습니다. 언제나 같은 모자를 썼고, 또 그 모자가 너무나 어울렸기에 소녀는 어느새 사람들에게 빨간 모자로 불리게 되었습니다. 어느 날 빨간 모자는 할머니 댁에 심부름 가는 길에 늑대와 만나게 됩니다. 빨간 모자는 신경 쓰지 않고 늑대를 지나쳐 할머니 댁으로 들어갔고, 그녀를 보고 흥분한 늑대는 빨간 모자를 따라 할머니 댁에 숨어들어갑니다.

늑대는 할머니에게 재갈을 물리고 손발을 묶은 뒤 빨간 모자를 강간하려 했습니다. 빨간 모자는 칼을 든 늑대의 협박에 어쩔 수 없이 옷을 벗고, 결국 강간을 당합니다. 늑대는 일을 마치고 집 안의 몇몇 물건을 훔쳐 달아납니다.

할머니는 즉시 경찰에 늑대를 신고하지만 빨간 모자가 강간당한 사실은 말하지 않았습니다. 혹시 주변에 소문이 날까 봐, 소문이 나서 10년간 돈 모아 산 집에서 또 이사를 가야 할까 봐, 친지들 사이에서 얼굴을 못 들고 빨간 모자 혼삿길이나 막게 될까 봐, 할머니는 빨간 모자에게도 허튼 이야기 말라고 엄포를 놓습니다.

그러나 늑대는 당연히 강간 사실도 신고했을 줄 알고 경찰들 앞에서 태연히 강도짓과 강간 사실을 말합니다. 빨간 모자 역시 할머니의 말을 들을 생각이 없었기에 늑대에게 소송을 걸어, 사건은 커지게 됩니다.

늑대는 법정에서 도리어 큰소리를 치면서, "빨간 모자가 잘못했다. 저렇게 야한 옷차림을 하고 혼자 다니면 강간해달라는 것 아니냐. 반항하지도 않았다. 오히려 알아서 옷을 벗더라"며 소란을 피움니다. 빨간 모자는 늑대의 뻔뻔함에 치가 떨리지만 법정 사람들은 강간범의 변명이 다 저렇지 하면서 하품만 할 뿐이었습니다.

탕 탕 탕! 재판의 마지막, 법봉 소리가 아닌 총소리가 들립니다. 빨간 모자의 남자친구인 사냥꾼이 품안에 숨겨온 총으로 늑대를 쏴버린 것입니다. 사냥꾼은 자신을 잡으려는 경찰들한테도 총을 쏩니다. 그리고 빨간 모자에게도 총을 겨누지만 총알이 다 떨어져 빨간 모자를 죽이지 못하고 군중에게 제압당합니다. 사냥꾼은 내 여자인 빨간 모자가 강간을 당했기에 다 죽이려고 한 것이라며 절규합니다.

법정에서 총기가 난사된 이 사건은 큰 화제가 됩니다. 인터넷 포털사이트에 올라온 기사에는 벌떼처럼 리플들이 달립니다. 그러던 중 빨간 모자는 납치되어 깊은 숲, 오래도록 쓰이지 않은 우물 속에 던져집니다. 누가 납치했는지 빨간 모자는 알지 못합니다. 빨간 모자는 우물 속으로 떨어지는 흙더미를 맞으며 고민합니다. 누구 때문에 일이 이렇게 되어버렸는지. 자신을 강간한 늑대? 신고도 않고 숨기려고만 했던 할머니? 스토커 같은 사냥꾼? 인터넷? 아니면 빨간 모자가 예쁘다고 계속 쓰고 다닌 내 탓인가?

누가 흙을 뿌리고 있는지, 누가 자신을 죽이려 하는지, 빨간 모자는 누구일까 계속 생각하며 죽어갑니다.

두 가지 〈빨간 모자〉 이야기를 비교해보면서 여성학의 인식론에 대해 생각해보자. 여성학은 기존의 '진실'이 모두 거짓이었고 여성학만이 새로운 진실을 말한다고 주장하는 학문이 아니다. 여성학은 진실과 거짓이 인식하는 사람의 위치에 따라 달라질 수 있

다고 주장하며 그동안 인식의 위치에서 배제되었던 새로운 위치를 발견한다. 그리고 이를 통해 기존에 '유일한 진실'의 자리에 있던 '보편'의 부분성과 허구를 드러낸다. 이때 여성학은 새롭게 등장한 인식의 위치로 기존의 인식을 죽이는 것이 아니다. '새로운 인식'과 이를 통해 '부분화된 기존의 인식' 사이의 관계를 드러내고 이를 통해 차별, 불평등, 부정의, 인권에 대한 논의의 맥락을 넓히는 것이 여성학이다. 언어가 없을 때는 어떤 문제가 있어도 가시화되지 않는다. 문제 해결을 위한 가장 첫 걸음은 그것을 정의하고 이해하고 이면을 관통하는 맥락을 해석해낼 언어를 찾는 일이다.

예를 들어 가사 노동을 하지 않는 남성에게 집은 휴식처이자 안식처지만 가사 노동을 해야 하는 전업주부에게 집은 노동의 공간이듯, 동일한 상황은 주체가 있는 입장과 위치에 따라 다르게 해석되고 경험된다. 이때 여성학은 '집은 안식처가 아닌 일터다'라고 주장하는 것이 아니다. 동일한 공간이 성별에 따라 다르게 정의되고 경험되게 하는 각각의 맥락을 드러내는 것이다. 즉 이렇게 서로 다른 위치의 상호관계를 통해 사적인 것과 공적인 것의 관계 그리고 남성의 역할과 여성의 역할은 사회적으로 어떻게 배치되어왔는가, 이는 누구의 어떤 필요에 의해서인가, 이러한 배치 안에서 여성과 남성의 권리는 어떻게 침해되거나 과잉 보장되는가, 이것은 어떤 언어로 정당화되어왔는가 등을 논의한다.

이처럼 여성학은 다른 인식의 위치를 드러내고 다른 해석을 제시한다. 그리고 그동안 하나의 각도로만 세상을 바라보던 것이, 다른 각도에 서 있는 사람들의 삶과 경험의 불평등 그리고 부정의에 어떠한 영향을 미쳐왔는지를 드러낸다. 이러한 맥락에서 우리는 인간에 대한 평등과 자유, 권리, 그리고 정의에 대해 한층 폭넓게 인식할 수 있는 지평을 얻을 것이다.

그동안 배제되어온 타자의 관점으로 자신이 가진 인식의 부분성과 편협성을 발견하고 확장해나갈 때, 우리는 자신도 모르게 작동시키고 있는 타인에 대한 차별과 부정의를 인식할 수 있게 된다. 독일의 철학자 아렌트Hannah Arendt가 '무지가 곧 폭력이다'라고 말한 의미가 바로 이것이다. 이 책은 차별과 부정의를 '고치자'고 주장하기에 앞서 이것이 어떻게 사람들 사이에서 서로 다르게 이해되고 해석되며 경험되는가를 아는 것, 그래서 누군가에게 차별일 수 있는 것이 누군가에게는 정당한 권리가 되는 현실, 누군가에게 명백한 부정의지만 누군가는 당연한 현실로 받아들이는 해석의 차이를 '소통' 할 수 있는 언어들을 제공하려고 했다. 말하자면 여성학은 성찰적 사유를 위한 방법을 제공하는 학문이다.

더 읽어볼 만한 책

 김은실, 《여성의 몸, 몸의 문화정치학》(또하나의문화, 2001)

"왜 여성들은 몸이 주는 억압성과 고통 그리고 몸에 가해지는 문화적 · 사회적 규범의 폭력들을 수용할까? 이러한 고리를 끊는 것, 여성의 몸의 문제를 해결하는 것은 더 이상 '여성'이 아닌가? '자연적'인 여성의 몸으로부터 해방되고 몸 자체가 해방과 자유를 실천하는 주체성을 갖는다는 것을 여성들은 상상할 수 없는 것일까? 여성이 몸에서 해방되면 누가 불편할까? 여성이? 남성이? 국가가? 가족이? 국가와 가족은 성별을 갖고 있을까 아니면 남성과 여성 중어떤 성별의 이해를 대변할까?"

이 책은 여성의 몸을 중심으로 성별을 둘러싼 문화정치학의 여러 면에 대한 오랜 동안의 질문과 생각을 담고 있다. 그러나 이 책은 몸에 관한 책이 아니다. 객관과 중립, 보편과 투명성을 해체하고 그 사선에 서 있는 긴장감을 온몸과 마음으로 견뎌내며 급진적이고 근본적인 질문을 던지는 방식을 보여주는 책이다.

러딕, 사라, 《모성적 사유》, 이혜정 옮김(철학과현실사, 2002)

사라 러딕은 이 책에서 어머니 역할mothering이라는 훈련을 검토하고, 매일 진행되는 어린이 양육이 어떻게 나름의 사유 방법을 유발하는지 보여준다. 이 책은 모성적 사유를 통해 친구들 간의 사소한 충돌에서부터 국가 간의 전쟁에 이르기까지 인간의 폭력적 충돌을 해결하는 나름의 해결책을 제시한다. 이 책에서 말하는 어머니란 생물학적 출산자들을 의미하지 않는다. 어머니란 아이들의 생명을 보호하고, 그들을 지적으로 신체적으로 그리고 정서적으로 성장시켜, 사회에 제대로 적응할 수 있게 훈육하는 사람을 말한다. 고정된 성역할로서의 모성이 아니라 열린 사고 속에서 모성에 대해 생각해볼 수 있는 기회를 제공하는 책이다.

브란튼베르그, 게르드, 《이갈리아의 딸들》, 히스테리아 옮김 (황금가지, 1996)

이갈리아는 남녀의 성역할이 뒤바뀐 가상의 세계로, 노르웨이 출신의 작가가 발표한 이 책이 영어로 번역되었을 당시 큰 논쟁을 불러일으키기도 했다. 남녀의 불평등과 사회적 모순 구조를 완벽한 '뒤집어 보기'를 통해 적나라하게 느끼게 해주며, 다양한 소설적 장치를 통해 억압의 기원이나 성과 계급, 가사 노동 문제 등을 새롭게 생각해볼 기회를 제공한다. 흥미로운 이야기 속에서 여성학의 다양한 용어와 시각을 자연스럽게 익힐 수 있을 것이다.

정희진, 《페미니즘의 도전》(교양인, 2005)

"인간은 누구나 소수자이며 어느 누구도 모든 면에서 완벽한 '진골' 은 없다. 특히 한국 사회에서는 성별과 계급뿐만 아니라 지역, 학 벌, 학력, 외모, 장애, 성적 지향, 나이 등에 따라 누구나 한 가지 이 상 차별과 타자성을 경험한다. 중심과 주변의 이분법 속에서 자신 을 당연한 주류 혹은 주변과 동일시하지 말고 자기 내부의 타자성을 찾아 소통해야 한다."

이 책은 여성주의적 시각으로 세상을 구체적으로 다르게 이해한다 는 것이 어떤 것인지를 보여준다. 여성학이 대립과 투쟁이 아니라 다양한 위치에 대한 인정, 자신과 다른 입장을 통해 자신 내부의 폭 력성을 성찰하는 소통의 방식이라는 것을 알려주는 책이다.

 허라금, 《원칙의 윤리에서 여성주의 윤리로》(철학과현실사, 2004)

"윤리학사의 모든 도덕 이론이 그 시대와 그 사회를 대변할 만한 남 성 지성인들의 작품이란 점에서 이들 도덕 이론은 이들이 살았던 상 황과 입장을 반영하고 있다고 볼 수 있다……도덕적 자아가 젠더화 되어 있던 역사적 맥락을 무시하고 도덕적 행위자를 논해왔던 윤리 학적 방법은 여성의 도덕적 자아에게 침묵을 강요하는 것에 다름이 아니다."

저자는 가치 다원주의 사회에서 우리에게 요구되는 도덕이 무엇인 지를 묻고 있다. '자기 성실성'의 원리를 이야기함으로써 윤리학에 여성주의적 시각을 도입하려는 발상이 돋보이는 이 책은 중립적이고 투명한 윤리가 아니라 서로 다른 입장이 경합을 벌이는 과정으로서 사고하는 방향을 제시한다. 이 책을 통해 여성학이 추구하는 '다른 시각으로 사고하기'를 한층 깊이 들여다볼 수 있을 것이다.